KB268679

명랑 늑대가 전하는 **홍보 비밀 폴더**

짝퉁 공무원의 생생한 PR 이야기

짝퉁 공무원의 생생한 PR 이야기

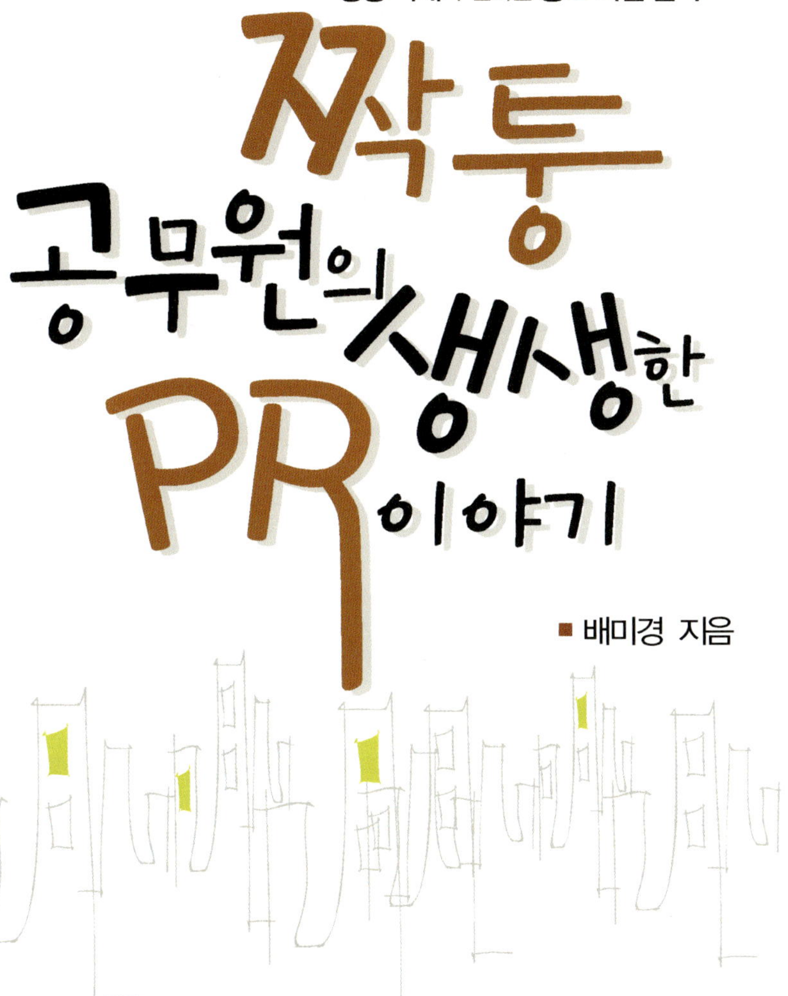

■ 배미경 지음

이담 Books

생생한 현장을 담은 공직 PR의 지침서

공직에 진정 소통이 필요한 시대이다. 우리 사회가 발전하면 할수록 소통이 더 안 되는 것 같다. 더욱이 소통 수단인 수많은 미디어들이 확산되고 있지만 소통이 더욱 더 어려워지는 것은 커뮤니케이션의 아이러니가 아닌가 싶다.

이 책을 처음 대하면서 느낀 소감은 정말 이야기하고 싶은 소통의 문제를 지적하고 있다는 점이었고, 그래서 절실히 공감했다. 사실 정부홍보에 대해서 할 이야기도 많았고, 하고 싶은 이야기도 많다. 이제 짝퉁 공무원의 PR이야기가 정부홍보, 특히 지방 정부의 홍보에 대한 이야기의 종지부를 찍을 것만 같다.

사실 지난 정부 때부터 '정책이 홍보다'라는 슬로건 아래, 홍보의 수요가 급증했고, 따라서 광주광역시를 비롯하여 여러 행정부처에서 강의를 해 달라는 요청도 많이 받았다. 그때마다 공무원들과 서로 공감할 수 있는 PR사례집이 하나 있었으면 좋겠다는 생각이 들었는데, 드디어 출간되었기 때문이다. 이제는 공무원 교육생(?)들과 공유하는 사례들로 더 재미있게 이야기하고 소통할 수 있을 것 같다.

우리말로 소통이라는 말은 영어로 커뮤니케이션(communication)인데, 이것은 메시지의 송신자와 수신자가 의미나 느낌, 부호 등을 서로 공유한다는 뜻이다. 공직사회에서 홍보나 PR은 순환보직 과정에서 맡게 되는 자리이기 때문에 일상적인 행정업무로 생각하기 쉽다. 그러나 저자가 이번에 확실히 지적하고 있다. 정부PR은 국민에 대한 정부의 일방적인 홍보가 아니며, 또 일반 공무원들이 해결할 수 없는 전문영역이므로 공부를 해야 한다는 것이다. 이것 역시 정말 공감이 가는 부분이다.

또 하나 공감이 가는 부분은 공무원 사회의 폐쇄적인 소통구조이다. 옆에 있는 부서에서 어떤 일을 하고 있는지 알려주지도 않고 서로 관심도 없다. 오직 수직적 계층구조에서 위만 쳐다 보는 조직 문화가 공무원표 홍보 문화이다. 그러나 블로그, 트위터, 스마트폰 등에 의해 구축되고 있는 소셜미디어시대에서 이러한 폐쇄적이고 계층적 소통 구조로는 국민과의 소통 즉 정부PR이 원활하게 이루어질 수 없다. 그래서 공무원 조직 이 수직적이며 폐쇄적인 구조에서 수평적이고 네트워크 형태로 구축되고, 권한과 책임도 배분되거나 재정립되어야 한다는 저자의 보이지 않는 설득에 절대 공감을 느낀다. 왜냐하면 PR이란 문자 그대로 알리는 것을 넘어 끊임없이 관계(relationship)를 형성하고, 또 이러한 관계가 우호적인 관계로 증진되어야 하는 것인데, 다시 말해 PR이란 저자의 표현대로, 하나의 '구애(love-me)과정' 혹은 '애인 만들기 과정'이기 때문이다.

이 책의 특징을 꼽는다 하면, 우선 사례중심, 실무중심 그리고 현장중심 이어서 홍보를 담당한 공무원들에게 이해가 쉬울 것이라는 점이다. 뿐만 아니라 이 책은 공무원표 홍보방식에서 탈피하여 기업형 홍보방식을 도입할 수 있도록 해준다는 점이다. 예를 들어 정부홍보에 다소 신선한 만화나 애니메이션, UCC, 블로그, 트위터를 활용한 쌍방적 홍보방법들을 소개하고 있다. 또 다른 특징을 들자면, 이 책은 홍보에 관한 다양한 사례와 용어들을 소개하고 있다는 점이다. 예를 들어 브레인스토밍, 콘셉트(concept), 가위질, 제3자 인증, 장소마케팅, IMC 등 홍보를 하는 데 필요한 용어와 개념들을 상세히 소개하고 있다. 마지막으로 이 책은 공무원들에게 가장 중요한 '승진비결'도 소개하고 있다. 다시 말해 '시작은 기획으로, 업무의 마무리는 홍보로 하라', '열심히 일한 당신, 알려라!' 등 공무원의 구조적인 침묵주의 때문에 승진하지 못한 공무원들에게 승진할 수 있는 방법을 알려주고 있다. 이것은 미국에서 아이비리(Ivy Lee)가 록펠러(Rockfeller)의 PR대행을 맡아 성공한 '공개주의적 홍보'와 유사한 방법인데, 이것을 현존하는 PR학자 그루닉(Grunig)교수는 'PR의 공공정보모델'이라고 명명하기도 하였다.

끝으로 이 책은 공무원들이 현장에서 PR업무를 수행하면서 꼭 알아야할 'PR지침서'인 동시에 국민과의 소통방식을 한 단계 업그레이드하고 또 공직사회 소통문화를 바꾸는 데 있어서 결정적인 역할을 할 수 있는 '격발장치'라고 총평을 하고 싶다. 그래서 홍보를 담당한 공무원뿐만 아니라 국정을 책임지고 있는 윗분들도 읽고 국민소통에 대해 음미해 보고 또 정부의 보다 발전된 소통구조와 조직문화에 대해 생각해 주었으면 하는 바람이다.

박성호 (한국PR학회 회장)

도전과 열정의 에너지 가득한 펄떡이는 스토리

원고뭉치가 왔다. '짝퉁이 공무원의 **PR**'이라나. 개인적으론 고등학교와 대학교 후배이며 직장으로 치면 전임자인, 다시 말해 선배격인 배미경 팀장이 다짜고짜 책의 추천사를 써달라며 보내온 원고다. 사실, 쓰기 싫다. 이 자리에 임용된 지 불과 1개월 밖에 안 된 초짜가 쓸 말이 뭐 있겠는가. 그러나 어영부영 쓰겠다고 반 승낙해 버린 뒤라 물릴 수도 없고...

자판을 두고 난감했다. 뭐라고 쓰나. 걱정이 태산이다. "선배가 지적해주는 느낌이 좋을 것 같다"는 말에 넘어가 버린 내가 원망스럽다. 그렇게 무거운 마음으로 책장을 넘겼다. 그리고 무겁던 가슴이 뻥 뚫리는 걸 느꼈다. 추천사를 떠나서 우선 내게 큰 도움이 되었다. 지난 2년간 참, 부지런히 그리고 전략적으로 움직였다는 생각이 들었다. 어라, 후배지만 내가 본받아야 하는 것 아닌가 하는 생각이 든다.

시정 기획홍보라는 광주에선 전인미답(前人未踏)의 길을 걸어가는 과정에서의 소소한 이야기에서부터 큰 흐름에 이르기까지 펄떡이는 스토리가 담겨 있다. 사실은 그게 아닐 터인데도 자격지심에 "너, 잘하나 어디 한번 보자"할 것 같은 조직 앞에서 그녀는 머리띠 동여매고 독립군처럼 나댔다. 모르긴 해도, 거기에 적잖은 사람들이 감동했으리라 추측된다. 그 2년간의 빛나는 족적이 한 권의 책에 고스란히

투영돼 있다.

　도전과 열정의 에너지를 주저하지 않고 뿜어낸 그녀의 활약에 박수를 보낸다. 물론 혼자 한 일은 아니었으리라. 조직의 팀워크가 훌륭했기에 가능한 일이다. 그것 역시 그녀의 복인 것을…

　펄펄 끓어오르는 활화산 같은 기세로 그녀는 또 다시 2015광주하계유니버시아드 조직위에서 한판 승부를 내걸고 질주한다. 그 질주의 끝이 어디일지 우리는 지켜볼 터이다.

김영순 (광주광역시 기획홍보 담당 사무관)

읽기 쉽고 알기 쉬운 공직홍보의 노하우 수록

'짝퉁 공무원의 생생한 PR이야기, 명랑 늑대가 전하는 홍보 비밀 폴더' 제목부터 범상치 않다. 고정관념에서 벗어난 느낌이다. 필자가 여자라면 명랑 여우라 칭하지 않았을까? 그리고 짝퉁보다 전문가나 명품 공무원이라 칭했을 텐데 말이다. 이 범상치 않음은 제목뿐만 아니라 내용에까지 이어진다. 아무튼 톡톡 튀는 느낌이다.

이 책의 가장 큰 장점은 읽기 쉽다는 것이다. 홍보나 PR 관련 기본개념이나 전문용어를 사용하지 않고 일반 수필을 쓰듯이 알기 쉽게 표현하여 책을 읽으면서 거부감이 느껴지지 않는다. 평소 홍보나 PR 관련 책은 서점에서도 딱딱하게 느껴져 즐겨 읽지를 않는데 이 책은 전혀 다른 느낌을 전달해 준다.

두 번째는 홍보현장의 사례를 다양하고 생생하게 표현하였다. 다른 사람의 사례가 아닌 현장에서 직접 근무하면서 경험했던 사례를 생동감 있게 전개하여 어느 대목에서는 내가 직접 일을 하는 듯한 착각에 빠질 정도로 몰입하게 한다.

다만, 성공적인 사례는 많은데 실패한 사례가 하나도 없다는 점은 아쉽다. 실패한 사례를 분석하고 성공적인 가설을 세워 나가는 내용도 있으면 더 좋지 않을까 하는 아쉬움이 있다.

마지막으로 책을 읽고 창의적인 감각을 키워야 한다는 생각을 해 본다. 항상 똑같은 생각보다 발상의 전환을 해 보는, 주관적인 생각보다 수요자인 고객의 입장에서 생각해 보는, 업무가 생각대로 풀리지 않을 때 고민할 것이 아니라 초심으로 돌아가서 기본부터 다시 시작해 보는 등 조금만 노력하면 현재보다 더 나은 미래가 보이지 않을까?

현재의 상황에 항상 안주하려고 했던 스스로를 반성해 본다.

공무원들이 읽기 쉽고 알기 쉽도록, 현장의 모습을 생생하게 전달하여 독자로 하여금 변화하려는 의도를 심어 주었다면 충분히 좋은 책이 아닐까 생각한다.

황인채 (2015광주유니버시아드 조직위원회 홍보부)

네발자동차와 정책홍보

자동차는 네 바퀴로 간다. 네발자동차는 상식이다. 상식을 뛰어넘는 발상, 그것이 바로 역발상이다. 어디서나 흔히 볼 수 있고, 누구나 생각할 수 있는 것이라면, 그것은 더 이상 참신한 아이디어가 아니다.

어느 날, 6살짜리 둘째 아이가 컴퓨터의 그림판에 자동차를 그리고 있었다. 컴퓨터를 그렇게 잘 다루는지 처음 알았다. 스케치북을 넘어 컴퓨터를 이용해 보겠다는 생각을 어떻게 한 것일까. 아무튼 기특했다. 자동차를 그리고 있었다. 자동차의 바퀴 수가 넷이라는 것이 마치 새로운 사실처럼 인식되게 또렷이 그려 나가고 있었다. 그림판의 단순한 기능들을 이용하여 아직은 서툰 마우스 잡기이지만 나름대로 모양새 있게 그려 가는 것을 보면서, 6년이라는 비록 짧은 경험이지만 정책홍보 현장의 이야기를 그려 보자는 용기를 얻었다.

2002년부터 중앙의 각 부처들이 정책홍보부서를 신설한 것은 국민들과 보다 적극적으로 소통하겠다는 의지가 반영된 것이기도 하지만, 다른 차원에서는 관료화된 공공조직 내에서 발상을 뛰어넘는 신선한 사고와 아이디어를 불어넣고자 하는 의도도 상당 부분 있었다고 본다. 정부조직의 한계라면 오랜 관료조직의 관행과 틀 속에 갇혀 스스로 헤어나지 못한다는 것, 정부조직 스스로의 혁신이 필요했던 것이다.

수년간 정책홍보를 업으로 삼고 있지만 진정 '정책홍보가 무엇일까'

하는 물음에 적절한 해답을 찾지는 못하고 있다. 아직은 더 많은 경험이 필요한 이유이기도 하다. 2000년부터 대학원 박사과정에서 PR을 전공하던 차에 한 구청에서 효사랑 브랜드와 정책을 연결하는 프로젝트에 참여하였고, 이것이 지금까지 정부조직에서 일하게 된 인연으로 연결되었다. 2006년 PR전공으로 박사학위를 받은 이후, 2007년 국무조정실에서 그리고 2008년부터는 광주광역시, 2015광주하계유니버시아드 조직위원회와 인연을 맺으면서 비록 짧은 기간이었지만, 기초자치단체에서 중앙정부에 이르기까지 여러 층위의 정부조직을 경험하며 우리나라 정책홍보의 생생한 현장을 누볐다고 생각한다.

시장은 상품경쟁시대에서 광고경쟁시대를 지나 이미 PR경쟁체제에 접어들었다. 상품경쟁시대에는 기업들이 상품의 질, 가격, 유통 등 마케팅이론에서 말하는 소위 4P와 마케팅믹스를 통해 시장점유율을 높이는 해법을 찾았다. 신문, 방송의 힘이 지배적이었던 대중매체의 시대에는 광고가 소비자의 선택을 좌우했다. 포지셔닝이론을 제안한 잭 트라우스(Jack Trout)와 알 리즈(Al Ries) 같은 세계적인 광고전문가조차도 "광고의 시대는 가고, 홍보의 시대가 뜨고 있다."는 화두를 던지지 않았던가. 이제 이 모든 것 위에 '공중관계', 즉 PR이 있다. 이 해당사자 공중과의 우호적 관계증진이라는 목표하에서 PR전략과 전술에 따라 상품도, 광고도 믹스되어야 한다.

현장에서 만난 사람들은 홍보에 대해 큰 오해를 하고 있다. 홍보가 어떤 사실을 예쁘게 포장하여 보기 좋게 만들고, 무조건 알리면 된다는 인식이 그것이다. 글자 뜻 그대로 널리 알린다는 의미의 홍보는 철저히 조직의 편에 서 있다. 정보를 알리는 주체도 조직이며, 어떤 정보를 선택해서 어떤 방법으로 알리느냐에 대한 통제권도 조직에 있다.

하지만 공중관계인 PR(public relations)에서는 홍보의 대상인 '공중(public)'이 주인이다. 상품보다는 고객을 생각하는 마케팅 흐름의 변화에서 본다면 PR이라는 용어는 '공중'을 먼저 생각해 보게 한다. 우리의 생활현실로 돌아와 보면 대중의 인식 속에는 '홍보'는 있지만, 교과서에서 늘 강조하고 배워 온 공중관계, 즉 PR은 없다. PR은 고도의 전문성과 기획을 요하는 일이며, 미래시장에서 더욱더 그 진가를 발휘할 수 있는 조직의 경쟁력이 될 것이다.

이러한 시대의 변화과정을 반영이라도 하듯이 정책을 다루는 중앙부처, 광역지방자치단체, 기초자치단체에 이르기까지 홍보에 대한 인식에 많은 변화가 일고 있다. 홍보가 일반직 공무원들이 해결할 수 없는 전문영역이라는 생각이 싹튼 것이다. 그래서 언론사 경력, 일반 홍보회사 경력, 대학의 연구 경력 등 다양한 이력의 홍보전문가들이 발탁되어 공공기관의 홍보전선에서 뛰고 있다. 전문가들의 역할 중 하나는 기존의 조직과 홍보환경에 그대로 동화되기보다는 기존의 조직이

갖지 못한 역발상으로 늘 조직을 자극해 주는 것이다. 공공조직에서 근무했거나 그런 경험을 가진 사람이라면 어느새 스스로 조직에 동화되어 가는 자신을 발견하고는 화들짝 놀란 경험이 있을 것이다.

놀랄 때마다, 홍보현장에서 느껴 왔던 단상들을 개인 블로그에 정리하여 발행해 왔다. 스스로 PR전문가임을 잊지 않기 위한 자각과 스스로에게 경각심을 일깨우기 위해서였다. 어느덧 블로그에 올린 글들이 여럿 쌓였다. 여기에 그동안 현장에서 부대끼며 배웠던 몇 가지 노하우들을 정리하여 정책홍보에 대한 가이드를 제공할 수 있을 만큼이 되었다.

아이가 그림을 완성했다. 파란 바탕에 하얀 조각구름으로 수놓아진 하늘 아래 땅 위를 기어가는 네발자동차였다. 스케치북이 아니라 컴퓨터의 그림판을 이용해서……. 그림판의 단순한 기능들을 이용하여 자신이 표현하고자 하는 바를 선명하게 그리는 기염을 보면서, 2010년에는 현장에서 부대끼고 있는 공공조직 홍보 담당자들의 정책홍보에 대한 길 안내를 돕고 싶었다.

이제 공공기관에서도 과감하게 짝사랑 '홍보'를 버리고, 본격적으로 진한 연애 'PR'을 시작해 보면 어떨까. 짝사랑이 아름다운 추억으로 남는다고 하지만, 늘 가지 않은 길에 대한 후회가 남는다. 진한 연애야말로 후회 없이 열정을 불태울 수 있을 테니 말이다. 연정의 대상이 공중임은 두말할 나위 없다.

목 차

3. 정책 PR의 해법, '기획'과 '관계성' / 137

에필로그: 현장 PR의 승리를 위하여 / 168

1. 공무원표 홍보는 이제 그만

▌지방자치단체 홍보는 촌스럽다(?)

지방자치단체들 간에 치열한 PR전쟁이 전개되고 있다. 국가 간의 경쟁에서 도시 간 경쟁시대로 세계적인 패러다임이 변화하면서 도시 경쟁력 강화를 앞세운 다양한 도시마케팅과 홍보가 시도되고 있다.

하지만 지방 도시들 간 홍보경쟁의 보다 본질적인 이유는 민선 지방자치단체장의 등장과 연결되어 있다. 선출직 지방자치단체장에게 있어서 자신의 정책성과를 시민들에게 효과적으로 알리고 이를 통해 긍정적인 평가를 받는 것은 무엇보다도 중요한 사안이 되었기 때문이다.

선거 당시에 시민들에게 약속했던 정책의 진행과정을 시민들과 나누는 일은 시민들의 알권리를 보장하기 위한 지방자치단체장의 의무이기도 하지만, 다음 선거를 위한 중대변수 중 하나로 작용하기 때문이다. 정책의 진행과정에서 '소통(communication)'이야말로 자치단체와 시민을 잇는 가교이며, 사실상 효율적인 소통정책은 다른 정책의 성과를 평가하는 중요한 잣대로도 작용하고 있다.

민선 이후 부단한 홍보노력에도 불구하고, 지방자치단체가 시민 속으로 조금 더 가까이 다가가는 데는 아직도 한계가 있어 보인다. 오히려 지방자치단체가 벌이는 홍보활동은 시민들로부터 거부감을

1. 공무원표 홍보는 이제 그만

일으키고, 외면받기 십상이다. 지방자치단체의 홍보가 외면받는 이유는 무엇일까?

수년간 지방자치단체에서 홍보 실무를 경험하면서 정말 피나게 열심히 알리는데도 불구하고 정작 시민들은 "왜 시정을 모르는 것일까?" 이런 문제에 봉착한 것이 한두 번이 아니다. 실제로 지방자치단체장은 밤낮없이 열심히 뛴다. 하지만 정작 시민들은 그 정책의 성과가 무엇인지를 잘 모르는 경우가 허다하다. 그럴 때마다 홍보부서는 그 질책의 상당부분을 감수해야 한다. 시민들이 시정을 몰라도 너무 모른다. 정치에 대한 무관심으로 돌릴 수도 있는 일이지만, 본질을 들여다보면 그것은 소통의 부재 탓이 더 크다. 지방자치단체장 입장에서는 열받을 일이기도 하다. 또한 모든 지방자치단체의 홍보담당자들이 풀어야 할 큰 숙제이기도 하다.

개인적으로 '홍보는 애인 만들기의 과정'이라고 생각해 왔다. 많은 연인들은 한눈에 반하는 운명적인 만남보다는 지속적이고 꾸준한 구애의 노력과정에서 '끈끈한 연인관계'로 발전해 간다. 그런데 정작 우리(지방자치단체 - 시민)는 서로가 소 닭 보듯 하며 살고 있지는 않은가 하고 생각해 볼 일이다.

지방자치단체의 홍보가 시민들로부터 외면받는 몇 가지 이유를 나름대로 정리해 보면, 첫째는 무관심이다. 정치적 냉소주의, 정부조직과 공무원에 대한 근본적인 불신의 만연으로 시민들은 정치를 믿지 못하고, 행정을 믿지 못한다. 또 지방자치단체는 시민들이 무엇을 원하는지 잘 알지 못하고, 이해하지를 못한다. 시민들로부터 신뢰받는 조직을 만들지 못한 것은 전적으로 지방자치단체의 책임이다. 이러한 상호 간의 무관심은 시민들 스스로의 삶과 밀접한 관련이 있는 시정에 대해서조차 무관심으로 일관하게 된다.

하지만, 직접적인 이해관계가 있는 사안에 대해서는 시민들의 무관심은 열혈 관심으로 급속히 전환되기도 한다. 예컨대, "한 해 예산으로 국비 2조 원을 확보했다.", "대규모의 연구개발단지가 조성된다."고 제아무리 떠들어 봐야 그것은 일반 시민들의 관심사가 아니다. 이해관계를 갖는 소수의 관심사일 뿐이다. 뜬구름 잡는 이야기다. 지금 당장 시민들의 호주머니 속에서 나가는 세금 2만 원을 삭감해 주는 세제 혜택이 정책화된다면 그것이 곧바로 시민의 관심사가 될 수 있다. 2009년 광주광역시는 2015광주하계유니버시아드대회의 성공적인 개최를 위해 장래 대학생이 될 중학생을 대상으로 무료 영어 교육프로그램을 기획했다. 시범교육생 모집에만 5대 1의 높은 경쟁률을 보일 만큼 시민들의 관심은 가히 폭발적이었다. 바로 피부에 직접적으로 닿을 수 있는 정책과 직접적인 혜택을 주는 프로그램 자체가 홍보인 것이다. 스토리를 담은 기획력을 발휘한 세련된 홍보가 필요한 이유다.

시민들이 관심을 가질 만한 이해에 상충하는 정보와 이슈를 개발하여 PR하는 것이 중요하다. 버스준공영제도입(시민서비스향상), 서울시의 환승체계 개편(직접적인 교통비 절감 혜택), 도심공원 조성(집값 상승 요인) 등등 모든 행정의 정책결정 하나하나가 결국은 시민들의 삶에 영향을 미친다. 도심의 공원조성계획이 있다면, 공원조성을 통해 혜택을 볼 수 있는 공중과 불편이 초래될 수 있는 공중을 구분하여 차별화된 홍보를 진행해야 한다. 이것이 시민들 깊숙이 파고들어 시민의 마음을 움직이는 정책홍보가 될 수 있다.

둘째, 아직도 공무원들의 홍보는 일방통행이다. 다양한 시민층이 존재하지만, 법과 기준에 준하는 어려운 말과 공급자 중심의 일방적이고, 어려운 메시지를 별다른 여과 없이 전달한다. 당연히 어렵고, 그러다 보면 무관심으로 이어지기 마련이다. 공중을 세분화하여 그들의 눈높이에 맞추는 보다 친절한 소통과 배려심이 필요하다.

소통양식은 WEB2.0을 넘어 쌍방향으로 급진전하고 있건만, 공무원들의 행정소통방식은 아직도 일방향으로 일관하고 있다는 것이 큰 문제다. 아직도 많은 지방자치단체들이 플래카드와 리플릿에 의존하는 구호성 홍보활동에 크게 의존하고 있는 것이 현실이다. 현시적으로 드러나는 보여주기식 홍보의 전형이다. 이런 방법으로는 더 이상 시민들을 이해시킬 수 없고 오히려 눈살을 찌푸리게 한다. 블로그에서 트위터까지 다양한 마이크로 커뮤니케이션 수단들이 등장하는 이때에 시대를 역행하는 방법일 뿐이다.

더욱 중요한 것은 역지사지(易地思之)의 정신이다. 내가 시민의 입장이 되어 한 번만 더 생각해 본다면 해답은 쉽게 찾을 수 있다. 일방적인 소통은 따뜻한 관계를 유도하지 못한다. 시민을 애인으로 만들어 가는 일, 그것은 친절과 배려심을 통한 쌍방향의 소통에서 비롯되어야 한다.

셋째, 공공기관에서 제공되는 콘텐츠들이 무미건조하고 재미가 없다는 생각에 주목도를 높이지 못한다는 점이다. 개조식의 글쓰기에 길들여진 행정문서에 젖어 있다 보니, 시민들이 그런 소통방식에 익숙할 것이라는 착각을 하게 된다. 일반대중들은 보고서를 좋아하지 않는다. 너무 전문적인 법률용어 또한 좋아하지 않는다. 대상층의 눈높이를 고려한 다양한 콘텐츠의 개발과 전환이 필요하다. 아무리 좋아하고 사랑해도 눈높이에 맞지 않는 말로 구애를 하면 그건 좀 통하기 어렵지 않은가.

때로는 만화로 쉽게 풀어 보고, 때로는 UCC로 재미있게 전달하고, 때로는 이벤트를 통해 시민과 소통하는 다양한 방식을 개발하고, 딱딱한 문체를 허물고 좀 더 말랑말랑한 시민적인 용어를 사용해 보는 것도 방법이 될 수 있다.

넷째, 기획과 결합한 홍보가 없다. 소위 기획홍보라는 게 부서 명칭으로만 존재하지, 실체가 없다. 지방자치단체 홍보업무의 대부분은 지역언론 관리에 집중되어 있다. 결국, 지방자치단체에 대한 부정적인 기사를 막고, 긍정적인 기사를 유도하는 것이 홍보부서의 중심적인 역할이다. 주로 보도 자료라는 이름의 공보를 통해서 이뤄진다. 그동안 홍보업무의 중심이 공보 관리에 있다 보니, 보다 기획력 있고 창발적인 소통방식을 생각할 필요를 느끼지 못했다. 분명한 목적과 의도를 가진 메시지의 생산, 전달방식의 개선을 생각해야 할 때다.

다행인 것은 기획홍보팀이 정착단계에 들어간 정부 각 부처에서부터 무릎이 탁 하고 쳐지는 획기적인 홍보방식들이 도입되고 있다는 점이다. 페이퍼 애니메이션을 통해 정책을 설명하거나, 부드러운 만화캐릭터를 활용하는 방법, UCC와 블로그를 활용한 방법 등이 그것이다. 공무원표 홍보방식에 많은 개선이 기대되는 긍정적인 바람이다. 발상의 전환과 새로운 소통방식으로의 전환만이 지방자치단체 홍보부서들이 살아남는 길이 될 것이다.

▌홍보는 언론관리가 전부라는 생각

무슨 일이든지 처음부터 잘하는 사람은 드물다. 타고난 재능이 있다고 하더라도 말이다. 처음 해 보는 일은 누구에게나 어렵기 마련이다. 일선 공무원들에게 홍보업무는 거의 두려움에 가깝다. 홍보 하면 그저 언론 관계만을 떠올리기 때문이다. 공무원들과는 본질적으로 다른 마인드를 가진 기자들을 이해하는 것도 어려운데, 이들과 좋은 관계를 형성하려면 어떻게 해야 할지를 이해하는 것은 더욱 어려운 일로 생각된다. 짧은 보도 자료를 작성하는 일도 전전긍긍해야 하는 어려운 일이거니와 언론사에 기고문이라도 하나 쓰려 하면 하루를 꼬박 넘기기 일쑤다.

공무원 세계에서는 공무원과 기자의 관계를 '불가원 불가근(不可遠 不可近)'이란 말로 표현하고는 한다. 기자들과는 너무 가까이해도, 너무 멀리해서도 안 된다는 인식이 보통이다. 기자들로부터 취재 요청이 오거나 인터뷰 요청을 받으면 일단 거절하고 피하는 것이 낫다는 생각이 일반적이며, 기자들이 취재에 들어가면 본능적으로 방어기제가 작동하기 시작한다.

매일 아침 스크랩된 기사들을 보면서 일희일비하는 사람들이 공무원이다. 자기 업무와 관련하여 행여 나쁜 기사라도 나오는 날이면

짝퉁 공무원의 생생한 PR 이야기

아침부터 상사로부터 깨지기 십상이다. 갑자기 할 일도 많아진다. 해명자료도 만들어야 하고, 상사들로부터 관심이 쇄도하면서 업무 처리를 잘못하는 사람으로 낙인찍힐 수도 있다. 그러다 보니 공무원들은 좋은 뉴스(good news)든 나쁜 뉴스(bad news)든지 간에 기자의 취재 그 자체가 달갑지 않고 부담스럽기만 하다.

하지만 홍보에 대한 생각을 바꾸는 순간 두려움은 사라질 수 있다. 기자를 먼저 생각하지 말고, 국민을 생각하라. 지방자치단체 소속의 공무원이라면 시민을 생각하라. 정책의 최종적인 소비자의 입장에서 홍보를 생각한다면 홍보는 오히려 즐거운 놀이가 될 수 있다. 또한 홍보를 해야 하는 이유 또한 명백해진다. 공무원들이 가장 어려워하는 기자는 정부기관과 국민의 매개자일 뿐이라고 생각해 보자.

하나의 정책이 생산되면, 자연히 그 정책을 둘러싼 이해당사자 그룹이 형성된다. PR은 이해당사자 집단과의 소통을 통해 이해와 설득을 얻어 가는 과정이다. 사전에 이들과 호의적인 관계가 형성되어 있다면 이들을 이해시키는 일은 한결 쉬워진다. 그래서 지속적이고 신뢰감 있는 조직관계를 형성하고 유지하는 것이 궁극적인 PR의 임무다. 가장 좋은 PR은 직접적인 이해당사자 한 사람 한 사람을 만나서 설득하고 이해시키는 것이지만, 현실적으로 그럴 수가 없기 때문에 불특정 다수를 대상으로 하는 언론매체를 이용하는 것뿐이다. 언론사를 대표하여 국민에게 필요한 정보를 취사선택하는 것이 기자라는 직업이다. 정보생산자인 기자의 입장에서는 국민들에게 관심을 끌 수 있는 취재감이라면 한사코 홍보해 달라고 부탁하지 않아도 알아서 취재하게 되어 있다.

사실상 정부기관 홍보부서의 일차적인 업무는 정부기관의 대표 상품이라고 할 수 있는 정책을 그 소비자들에게 정확하게 그리고 제대로 알리는 것이다. 미션을 수행하는 방법은 정책의 대상이 누구냐에 따라서 다양하다. 정책의 직접적인 소비자가 될 최종 도달 대상자들에게 일일이 설명하는 것이 가장 훌륭한 방법이지만, 이는 현실적으로 불가능하다. 그래서 언론과 기자의 힘을 빌리는 것이다. 충분한 예산이 있다면 대기업들처럼 국민 다수가 시청하는 높은 시청시간대의 방송시간을 사거나 가장 많이 보는 신문의 지면을 사서 직접 돈을 주고 광고를 내는 것도 방법이다.

하지만, 대기업이 상품가격에 마케팅 홍보비용을 추가하여 수익으로 회수하는 것과는 달리 정부기관의 정책은 매우 공익적인 상품이다. 언론매체를 활용하는 것이 불가능하면 자체적으로 매체를 만들어 이해당사자 집단을 직접 타깃으로 한 홍보를 할 수도 있으며, 연령, 주거지, 성별 등에 따라 접근이 용이한 방법을 선택하여 얼마든지 성공적인 정책홍보를 수행할 수 있다.

단순히 홍보가 언론을 관리하고, 기자와 관계를 좋게 하는 일이라는 편견을 버리자. 우리는 정책이라는 상품을 개발하여 시민들에게 공급하는 주식회사의 사원이고, 정책이 기획되는 단계에서부터 명백한 대상을 정하였다면 꼭 언론을 통하지 않고도 소기의 목적을 달성할 수 있는 홍보방법은 얼마든지 많을 수 있음을 기억하자.

요즘 정부의 기획홍보부서들에서는 통상적인 언론홍보에서 방향을 전환하여 새로운 정책홍보를 시도하는 사례가 늘고 있다. 언론에 뉴스화시키는 것만이 능사가 아니라 인터넷, 모바일 등의 뉴미디어를 활용하거나 각종 국민 참여 이벤트를 기획하는 등 효과적인 홍보 활동으로 호평을 받고 있다. 이러한 변화를 눈여겨볼 필요가 있다.

짝퉁 공무원의 생생한 PR 이야기

▌넘치는 홍보요구, 따라가지 못하는 마인드

　민선시대가 되면서 지방자치단체마다 홍보에 대한 요구가 넘쳐나고 있다. 저마다 특산물을 알리고, 특수시책을 알리고, 자치단체장의 성과도 알려야 하니, 그만큼 자치단체에서도 홍보가 중요해졌다.

　일반직 공무원으로는 안 된다는 생각에 홍보전문가를 영입하기도 하고, 새로운 미디어의 흐름에 맞춰 조직을 개편하는 등 홍보의 새 바람을 일으키기 위해 부단한 노력을 기울인다.

　많은 지방자치단체들이 정책의 성과를 시민들에게 효율적으로 알리기를 바라고, 각 지역의 특산물을 비롯하여 투자자와 관광객을 유입하기 위한 도시마케팅 홍보에 집중하고 있다. 우리나라 인구의 절반가량이 거주하고 있는 서울을 비롯한 수도권은 지방자치단체가 겨냥하고 있는 최대의 목표 공중이다. 수도권 주요관문인 공항과 지하철, 버스터미널은 온통 지방자치단체의 홍보용 광고물로 넘쳐난다. 기업의 불황에도 불구하고 많은 옥외광고회사들이 246개의 망하지 않는 회사로 불리는 지방자치단체 덕분에 살고 있다는 우스갯소리가 나올 정도다.

　모두가 자기 고장이 최고이고, 자기 고장에서 나온 것이 최상이라고 주장한다. 우격다짐으로 보이기도 하여 애처롭기도 하다. 그러나 현장에서 홍보업무를 담당하는 이의 애절함은 더하다.

접근방식을 바꿔 보자. 같은 사물도 달리 보일 수 있다. 홍보는 단순히 정보를 전달하는 것이 아니라, 고객과의 관계 맺기이며, 그 목표는 우호적인 관계를 형성하는 것이다. 즉 애인을 만들어 가는 과정이다. 정작 당신은 시민을 애인 대하듯 하고 있는가?

우리가 하는 소통의 행태를 가만히 들여다보면 뺨 맞기 십상이다. 그 가운데는 공무원 조직의 구조적 특성이 한몫 거들고 있다. 보통 광역시에는 20명 이상이 3~4개의 팀으로 한 과에 근무한다. 도대체 바로 옆에 있는 팀에서 어떤 일을 하고 있는지 알려 주지도 않고, 관심도 없다. 팀 간 개인 간의 보이지 않는 장벽이 너무도 높다. 개그프로의 한 촌극처럼 '대화가 필요해'나 '투명인간'이 연상된다. 그러다 보니, 담당업무가 아니면 민원인의 전화에 시원하고 만족스런 답을 줄 수 없는 게 현실이다. 한마디로 폐쇄적인 소통구조가 떡하니 자리하고 있다.

관료조직이 상명하달의 위계조직이다 보니 그곳에서 이루어지는 커뮤니케이션 방식 역시 위계적이다. 아래에서 위로 올라오는 바텀업보다는 윗사람들의 지시에 의해서 움직이는 탑 다운의 방식에 젖어 있다. 오히려 그것이 내게 맞는 옷이어서 익숙하고 편안함을 느낀다. 그러다 보니, 시민과의 소통에서도 몸에 밴 위계적 소통 스타일이 자연스럽게 재현된다. 위계적 체계는 일방적 소통을 낳게 마련이다. 일방적인 구애로는 애인을 만들 수 없다.

그것도 명령하듯이 일방적으로 시키는 사람에게 어느 누가 애정을 느낄 수 있겠는가? 물론, 독특한 취향의 소유자들이 있긴 하겠지만. 대민 서비스 마인드라고 하는 게 별것 아니다. 그것 역시 핵심은 소

짝퉁 공무원의 생생한 PR 이야기

통에 있다. 정답은 '좀 더 가까이' 서로에게 다가가는 것이다.

홍보를 널리 알리면 그만이라는 생각으로 접근해서는 곤란하다. 기꺼이 시민들과 소통하겠다는 마음의 자세가 중요하다. 지금까지 입고 있던 편안한 옷을 벗어야 한다. 그러려면 처음에는 많이 불편하다. 그 불편함이 익숙해질 때, 사랑하는 이를 얻을 수 있다. 정부 조직의 정책홍보 담당자들에게 권하고 싶다. 당신의 고객들과 소곤소곤 대화적 소통을 시작해 보십시오.

폐쇄적, 위계적, 일방적 소통 NO!!

개방적, 수평적, 쌍방적 소통 OK!!

후자의 방법으로 소곤소곤 대화를 시도하듯 PR에 접근한다면 분명 좋은 연인관계를 만들 수 있을 것이다.

뚝배기에 파스타라니

얼마 전 한 방송사에서 파스타를 소재로 한 드라마가 인기리에 종영되었다. 파스타 전문 음식점의 주방을 소재로 한 이색적인 세팅에 배우들의 자연스러운 연기까지 더해지면서 마니아층을 형성했다. 나 역시 오랜만에 드라마를 보는 재미에 푹 빠져 쏠쏠하게 즐겼던 기억이 있다. 그중에서도 특별히 나의 흥미를 끌었던 것은 배우 이성균(셰프)과 새끼 요리사 공효진의 알콩달콩한 연애보다도, 주방의 미세 권력이 작동하는 메커니즘과 셰프들의 손끝을 거쳐 완성된 파스타를 프라이팬에서 접시로 옮겨 담아 예술로 탄생시키는 과정이었다. 어떤 그릇에 어떤 모양새로 파스타를 담아내느냐는 곧 파스타가 상품으로 소비자에게 전달되는 전체적인 느낌을 결정하는 백미였다.

요즘은 '퓨전'이 대세다. 문화적 접합의 일종인 퓨전이 우리 문화 속에 유행하면서 퓨전음악, 퓨전음식, 퓨전예술 등 갖가지 기묘한 형태로 표출되고 있다. 퓨전은 절묘한 앙상블을 만들어 내면서 기대 이상의 관심을 촉발하기도 하지만, 볼썽사나운 부조화는 참으로 참기 어려운 모양새로 전락하기도 한다. 절묘한 조화라는 대목에서 홍보실무자들이 새겨들어야 할 점이 있다. PR의 그릇, 즉 매체에 관한 이야기다. 잘 기획된 홍보는 어찌 보면 내용만큼 담아내는 그릇이

짝퉁 공무원의 생생한 PR 이야기

중요하다. 돼지 목에 진주 목걸이처럼 도무지 어울리지 않은 매체와 내용으로 채워진다면 하지 않은것 보다 못한 홍보활동이 되고 만다. 홍보업무에는 효율적인 매체를 선택해서 집행하는 활동이 다수 포함되어 있다. 한 조직의 홍보 실무자라면 안목을 키우는 훈련은 필수다. 'No place for amateur'란 말이 있다. 전문성을 갖추지 못한 아무추어가 설 자리는 없다. 그것이 공직이라고 해도 그 기간은 머지 않았다고 본다. 공무원들은 순환보직제로 여러 업무를 담당한다. 언제 홍보업무를 담당하게 될지 모른다. 경험만큼 훌륭한 교육도 없다고, 실전에서 뒹굴다 보면 완성되려니 하지만, PR처럼 전문성을 필요로 하는 분야의 업무는 스스로 아마추어를 벗어나기 위한 노력 없이 뒹굴어서만 되는 것이 아니다. 매체와 내용의 앙상블은 아무나 만들어 낼 수 있는 것이 아니다. 재능을 겸비한 잘 훈련된 셰프가 훌륭한 음식을 내놓을 수 있듯이, 타고난 PR 감각에 덧붙여 의식적인 훈련이 필요하다.

2008년 광주에 하계유니버시아드 대회를 유치하기 위해서 국내홍보에 열을 올리고 있을 때의 일이다. 한 화장지 제조회사에서 제안이 들어왔다. 화장실에 내걸릴 휴지에 2015광주유니버시아드대회 유치 성공 기원이라는 문구를 넣어 보자는 것이었다. 비용은 무료이고, 대신 제작된 제품의 일부를 구매하여 직접 사용하는 것이 조건이었다. 한마디로 '노'라고 잘라 답했다. 유니버시아드대회는 2년마다 개최되는 전 세계 대학생들의 올림픽으로 참가국가와 규모 면에서 올림픽에 버금가는 국제적인 스포츠 대회다. PR활동 역시 이 콘텐츠가 갖고 있는 품격에 맞아야 한다고 판단했다. 그저 인지도만 높일 수 있다면 매체의 품격에 상관없이 아무 매체에나 나오게 하겠다는 생각은 오히려 잘못된 인식을 가져올 수도 있기 때문이다.

한 조직의 홍보실무자에게는 각종 광고회사를 비롯하여 기획사들로부터 홍수처럼 많은 제안서들이 줄을 서서 들어온다. 이들을 선별하는 일은 홍보 담당자의 몫이다. 즉 1차적인 게이트키퍼의 역할을 해야 한다. 홍보하고자 하는 콘텐츠와 그에 어울리는 매체가 조화로운 앙상블이 가능할지, 그렇지 않을지를 꼭 고려하여 판단할 필요가 있다.

풍미 만점의 파스타를 만들어 놓고 뚝배기에 담아낸다면 그건 좀 이상하지 않은가. 파스타의 맛과 모양, 향을 종합적으로 고려하여 가장 적합한 접시에 담아내야 한다. 그래야 파스타는 그냥 음식에서 예술로 탄생할 수 있는 것이다. 홍보 역시 그렇다.

▌홍보의 진정한 힘은 내부에서부터

PR이라고 하면 흔히들 "피할 것은 피하고, 알릴 것은 알린다.", "피 터지게 알린다." 등으로 이야기한다. 사실 지방자치단체의 PR은 부정적인 기사를 피하고 알릴 것만 알리는 데 충실하다. 그러다 보니, 지방자치단체에서는 출입하는 기자들로부터 부정적인 기사를 잘 막아 내는 것, 일명 스핀닥터 역할을 잘하는 사람이 능력 있는 홍보담당자로 인식된다.

이러한 관행 탓에 한편으로는 새로운 소통의 흐름에 대응하는 뉴미디어를 활용하여 기획력을 갖춘 PR활동을 기대하면서도, 구태의연한 공보중심의 홍보활동이 홍보부서의 더욱 중요한 임무로 자리하고 있는 게 엄연한 현실이다. 지방자치단체는 위계적이고, 폐쇄적인 소통구조를 지닌 공조직의 대표주자다. 직급에 따라서 의사결정을 할 수 있는 수준이 달라지고, 철저한 보고체계에 의해 상명하달식의 의사소통이 이루어지는 곳이다. 업무에 대한 책임의 한계가 분명해야 하는 특수성으로 인해 바로 옆 팀에서 이루어지는 일이라 할지라도 그 벽을 넘어 바로 옆 팀으로 전달되기 어려운 것이 현실이다. 한 부서 내에서도 장벽 없는 장벽이 존재한다. 서로 다른 기관에서 수년째 정책홍보를 수행했으면서도 한결같이 이 같은 조직문화와 맞부

1. 공무원표 홍보는 이제 그만

딪혀 왔다. 조직 내부의 보이지 않는 소통장벽부터 허물지 못한다면 공중과의 진정한 소통은 요원한 일이 될 수 있다는 생각이 들었다.

대개 공조직의 홍보부서는 조직 내 소통과 조직 외부의 소통을 동시에 잘 수행해야 긍정적인 평가를 받을 수 있다. 또한 업무의 성과도 거기에서 나온다. 그러기 위해서는 전체 조직 내에서 차지하는 홍보부서의 위치와 비중이 매우 중요하다. 지방자치단체의 홍보업무는 통상 공보관실이 맡고 있는데, 내·외부적인 소통을 맡아야 하는 특수한 상황을 감안하여 자치단체장의 직속기구로 긴밀한 관계를 형성하는 것이 보통이다.

통상 지방자치단체의 홍보부서는 다른 모든 부서와도 소통을 해야 하는 중재적인 위치에 있다(보통은 공보관실이고 최근에는 뉴미디어 담당관 등으로 분화가 시작되었음). 홍보부서는 지방자치단체의 정책과 이슈, 정보를 다루는 일을 하기 때문에 스스로 조직 내외부의 정보 흐름에 민감해지지 않으면 낭패를 보게 되어, 중요한 홍보의 계기를 놓치기가 쉽다. 그러기 위해서는 조직 내부의 다른 어떤 부서보다도 타 부서와의 소통에서 신뢰받는 내부조직으로 인정을 받아야 한다.

홍보조직이 가진 장점과 전문성을 최대한 조직 내부 공중에게 어필하고, 다른 조직에서 다루는 정보를 대중 친화적으로 소화할 수 있는 능력이 있다는 것을 확실히 증명해 주어야 한다. 그리고 어느 부서와도 열린 소통을 할 수 있다는 확신을 심어주어야 한다. 내외부로부터의 제안에 대해서 '안 된다'고 접근하기보다는 '아주 좋은 아이디어다', '어떻게 하면 더 좋아질까'를 고민하는 긍정적인 사고로 환영해야 한다. 조직 내부의 신뢰를 얻지 못한 PR조직은 대중의 신뢰 또한 얻기 힘들다. 안에서 새는 바가지는 밖에서도 새게 마련이다.

내부적으로 한목소리를 내지 못하고, 이 부서에서는 이렇게 말하고, 저 부서에서는 저렇게 말하는 불협화음이 밖으로 표출되면 결국 그 지방자치단체의 PR은 실패하고 만다. PR부서가 기획부서와 대등한 위치에서 CEO와 긴밀한 소통 관계를 형성하고 타 부서와 소통조정 능력을 갖추었을 때 "ONE CONCEPT, ONE VOICE"를 낼 수 있다. 소위 말하는 통합적 커뮤니케이션이 가능하다.

그러나 지방자치단체 대다수가 PR부서의 조직적 위치를 그렇게 중요하게 인식하고 있지 못한 것 같다. 사실상 홍보부서가 기획과 조정 업무를 수행해야 함에도 불구하고, 단순 지원업무 정도로 인식하고 있다는 생각이 든다. 사업을 추진하는 해당부서에서 그 사업에 대한 홍보까지 일괄적으로 해결해야 하는 현재의 조직구조, 그리고 문제가 되는 사안이 발생할 때만 언론문제 해결을 위해서 수습을 요청하는 공보중심의 홍보조직 구조에서는 통합적인 커뮤니케이션은 먼 나라 이야기일 수밖에 없다. 그러나 이것이 현재 많은 지방자치단체 홍보부서의 현주소다.

필자가 몸담았던 광주광역시는 도시마케팅본부를 신설하여 도시마케팅이라는 보다 통합적인 차원에서 '기획홍보'에 접근하고, '창조적 빛의 도시 광주'라는 2020년까지의 장기적인 도시마케팅 비전하에 통합적이고 체계적인 커뮤니케이션을 준비했었다. 좀 더 시간을 두고 지켜봐야 할 일이지만, 개인적으로는 광주광역시의 이러한 노력에 성과가 나기를 바란다.

공공조직들은 많은 기업들이 홍보부서를 '지원부서'에서 '기획부서'로 조직 내 위치를 이동시켜 경영의 중심적인 역할을 맡기고 있는 새로운 흐름에 주목할 필요가 있다.

▍침묵은 그만, '열심히 일한 당신, 알려라'

정시 출퇴근, 철밥통, 상명하복, 복지부동, 복지안동.

공무원 하면 떠오르는 이미지들이다. 공무원들 스스로도 '공무원답다'라는 표현은 공무원을 비아냥거리는 말로 인식할 만큼 부정적 이미지가 크다. 전라북도가 발행한 사보 『도담도담』 11월호에 따르면 전체 응답자의 54%가 '공무원답다'라는 말의 속뜻에 '부정적인 의미'가 담겨 있다고 답했다고 한다. 또한 '공무원답다'라는 속뜻에 대해서는 47%가 '융통성이 없다'는 뜻이 담겨 있다고 생각했으며, 이러한 부정적 이미지와 편견이 생겨난 가장 큰 원인으로 '일부 공직자의 비리와 부정'을 꼽았다는 조사결과가 있다.

참 씁쓸한 이야기다. 필자 역시도 공직 밖에서 보았던 공무원에 대한 인식은 다른 사람들과 별반 다르지 않았다. 하지만, 공직사회에 들어와 함께 부대끼며 일을 하면서 공무원에 대한 세상의 인식이 얼마나 편협한 것인지를 깨닫게 되었다.

공직에 입문한 지 6년이 되어 가지만, 대학 연구소 시절에 함께 공부하고 일했던 선후배들을 만날 때면 "어허 이거 봐라, 공무원 다 되었네." 하는 핀잔을 듣기 일쑤고, 조직 내부에 있는 동료 공무원들로부터는 아직도 이질감이 느껴지는 '짝퉁 공무원'의 위치에 있다.

아직 온전한 공무원이 덜된 반쪽짜리 공무원의 관점에서 보면 우리 나라 공무원들은 일반적인 인식과는 달리 대다수가 격무에 시달린다. 아침 이른 시간부터 밤늦게까지 일반 기업의 직원 못지않게 많은 일에 시달리는 것이 대다수 내가 함께 일한 공무원의 모습이었기 때문이다. '부이사관인 국장이 3D업종 중 하나'라고 하는 우스갯소리가 나올 정도로 고위직으로 갈수록 업무의 강도는 더 세다. 물론 불안정한 고용상황이 지속되고 있는 현재의 경제상황에서 '정년 보장'은 공무원이란 직업이 갖는 최고의 메리트다.

복지부동(伏地不動). 땅에 엎드려 움직이지 아니한다는 뜻이다. 주어진 일이나 업무를 처리하는 데 몸을 사림을 비유적으로 표현한 것으로 정권교체시기의 눈치를 보는 공무원들을 가리켰던 사자어로 대중매체에 의해 회자되었다. 정권교체나 지방자치단체장의 교체는 공무원들에게 매우 민감한 사안이다. 인사권자가 교체되는 일이기 때문이다. 조용히 눈치만 살핀다 하여 복지안동이라는 말이 난무했던 적도 있다. 이리저리 눈치를 살피다가 유리한 쪽으로 줄서기를 한다는 것이다. 이런 이야기를 들을 때마다 공무원 밖 세상에 있을 때는 이런 이야기를 스스로도 즐겼다. 하지만 공무원의 옷을 입었고, 적지 않은 시간을 함께 보내면서 공무원들의 애환을 어느 정도 이해하게 되었다.

그들에게 공직사회는 세상의 전부다. 그러다 보니, 오로지 승진에 목을 매게 되고, 모든 희비가 인사에 달렸다. 오로지 한 가지 목표는 승진이다. 그래서 인사 때가 되면 뒤숭숭한 분위기가 형성된다. 올라간 사람은 기뻐하지만, 그렇지 못한 사람은 깊은 좌절에 빠진다. 그래도 다시 일어서는 것이 공무원이다. 묵묵히 말없이 공무를 수행한다. 이들 묵묵히 일하는 공무원들이 있기에 대한민국은 움직이고 있다. 한 달에 한 번 이상은 태극기 앞에서 나의 다짐을 읊조리고, 애국가를 부르는 직업, 그들이 바로 대한민국의 공무원들이다.

공무원들에게 말조심은 필수다. 한마디 말실수로 인사 낭패를 본 경우가 많기 때문이다. 그러다 보니, 공무원들은 자신들이 수행한 일의 큰 성과에도 불구하고 그 사실을 홍보하는 데는 인색하다는 평을 자주 듣는다. 홍보에 인색한 이유는 의외로 간단했다. 그것은 공무원으로서 마땅히 수행해야 할 일을 한 것뿐이라고 생각하기 때문이다.

하지만 민선시대의 지방자치단체 공무원들에게는 홍보에 대한 강박이 있다. '업무의 시작은 기획으로, 업무의 마무리는 홍보로' 라고 하는 말이 나올 정도로 자신이 한 일에 대한 성과를 대외적으로 알리는 것이 중요해졌다. 열심히 일한 당신, 이제는 알려라. 홍보로 마무리를 잘하는 공무원이 대내외적으로 좋은 평가를 받는 법이다. 이제는 묵묵히 일만 하던 자세를 바꿔야 한다. 국민의 알권리를 충분히 챙겨 주는 일, 이제 그것 또한 공무원의 필수적인 업무다. 사후 알림만이 능사가 아니라, 사전 알림에 더욱 충실해야 한다. 사전 홍보는 업무의 방향이 잘못되었거나 길을 잘못 들어섰을 때 제대로 된 지시등의 역할을 해 줄 수 있기 때문이다. 침묵하는 공무원들이여, 깨어나라. 그리하면 승진가도에서 한 걸음 먼저 나가게 될 것이다.

▌'NO'라고 말할 수 있는 배짱과 용기

대다수의 공무원들은 '예스맨'이다. 상명하달의 위계조직에서 상부의 지시에 '노'라고 이야기하는 것이 그리 자연스럽지 못한 탓일 것이다. 또 좋게 보면 공무원들의 생각이 늘 긍정적이어서 그럴 수도 있다.

카리스마가 강한 상사 앞에서 'NO'라고 말할 수 있으려면 그럴 만한 명백한 논리와 배짱이 함께 필요하다. 정부기관의 주요 업무이기도 한 정책의 입안은 국민의 생활에 직결되는 문제이기에 대부분의 업무는 신중에 신중을 기해야 하는 사안들이다. 정책의 입안이 잘못된 방향으로 갈 때 'NO'를 말할 수 있는 사람이라면 그 용기 자체에 찬사를 보내고 싶다. 실무관 → 주무관 → 사무관 → 서기관 → 부이사관 → 이사관 → 1급 고위공무원 → 최종결재권자의 다단계 검토과정을 거쳐서 결정되는 결재 진행 구조상 하나의 정책이 입안되어 실행되기까지는 적지 않은 시간이 소요된다. 신중을 기할 수 있는 시간이 그만큼 많다는 의미이기도 하다. 최종결재권자의 결재를 얻어야 하는 문제는 서둘러서 그리고 시간 확인을 잘하여 전략적으로 대처해야 한다. 분위기 파악을 잘해야 한다는 말이다. 가급적 상사에게 기분 좋은 분위기가 형성되었을 때 결재에 들어가면 3초 결재로도 끝날 수 있다. 사전에 충분한 교감을 형성한 사안이라면 장황한 설명

1. 공무원표 홍보는 이제 그만

없이도 요점만 짧게 설명하는 것으로 결재는 끝날 수 있다.

홍보업무는 그 특성상 시간의 긴급성을 요하는 경우가 많다. 보도자료 하나 작성하는 것만 해도 시의성을 상실하면은 더 이상 가치를 발휘하지 못한다. 갈등상황의 발생이나 대응관리가 필요한 경우 역시 그렇다. 시간이 결과를 좌우한다. 대외적인 광고, 만화 등의 홍보 콘텐츠를 만드는 일도 그렇다. 단순히 조직에서 좋아하고 듣고 싶어 하는 미사여구로 꾸민다면 그것은 정작 목표공중들로부터 외면당하기 쉽다. 하지만, 조직은 홍보담당자들에게 늘 미사여구를 요구한다. 그런 주문을 들을 때마다 가슴에 아로새겨야 할 말이 있다. '공중의 입장을 생각하라'. 국민과 시민들의 가려운 곳을 긁어 주는 제대로 된 콘텐츠를 만들어 내려면 의사결정권자의 요구대로 '네, 네'만 해서는 곤란하다. 아닌 것을 아니라고 말할 수 있는 용기와 두둑한 배짱을 가져야 한다.

이럴 때는 상사를 설득하는 기술 또한 요구된다. 타고난 달변가도 아니고, 훈련이 필요하다. 기본적인 신뢰를 바탕에 깔아야 할 일이지만, 홍보전문가라면 그 전문성을 충분히 활용해야 한다. 명백하게 아닐 때는 '아니오.'라고 말할 수 있어야 한다. 분명한 논리와 근거가 없는 '노'는 객기 취급을 받고, 담당 공무원도 낭패를 본다.

답은 홍보의 최종 목적지인 국민과 시민의 요구에 귀 기울이는 데 있다. 홍보의 대상인 국민과 시민의 입장을 먼저 생각하면서 **PR**을 한다면 대부분 답이 나온다. 홍보는 조직의 입장에 충실할 때 낭패를 보기 쉽다. 우리 조직의 입장에서 충분히 하고 싶은 말, 듣기 좋은 말만을 듣도록 하기보다는, 조직을 향한 국민과 시민의 소리에 귀를 더 귀 기울여야 하는 이유다.

짝퉁 공무원의 생생한 PR 이야기

▌'혼자서도 잘해요'에서 '함께해요'로

공무원 조직에 들어와서 느낀 인상적인 시스템 중 하나는 분업과 협업이 거의 없다는 것이다. 업무특성은 한마디로 한 사람의 담당자가 업무의 처음부터 끝까지를 책임지는 'ONE MAN' 시스템이다. 2002년 이후 정부조직 혁신이 시도되면서 테스크 포스(TF) 같은 일시적 조직과 팀제 도입 등이 일부 시도되었지만, 그리 잘 착근되지 못했다. 이들 제도는 수평적 커뮤니케이션 문화의 활성화를 전제로 해야 하는데, 공직사회의 위계구조가 이를 막는 큰 장벽으로 작용한 탓이다.

홍보업무의 경우 신선한 발상과 아이디어를 위해 브레인스토밍을 하고, 효율성을 높일 수 있는 팀워크가 중요한 법인데 그럴 수가 없다. 사실 처음 얼마간은 우리 팀 내에 협업 시스템을 도입하여 다양한 아이디어 회의를 시도해 보았다. 10여 년 이상 협업 없이 '혼자서도 잘해요'식의 업무처리 관행에 젖어 있었던 직원들에게 그것은 상당히 어려운 일이었다. 일도 혼자 하고, 책임도 혼자서 진다. 공무수행은 대부분이 법과 규정에 근거한 업무이다 보니, 업무 수행 중에 행여 실책이 있을 경우 명백하게 책임을 따지게 된다. 그런 업무의 특성상 책임도 나누어야 하는 협업은 그리 선호될 수 없는 방식

1. 공무원표 홍보는 이제 그만

이었음을 시간이 지난 후에야 자연스레 깨닫게 되었다.

공무원 사회의 조직문화는 한마디로 표현하면 '혼자서도 잘해요'다. 이 문화가 가장 심하게 발현되는 경우는 이렇다. 같은 팀 내(적게는 3인에서 많게는 8인)에서 함께 일을 하는 팀원들조차도 내 옆자리에 앉은 담당자가 무슨 일을 하고 있는지를 잘 모른다. 무관심이라기보다는 그럴 필요성을 느끼지 못했기 때문이 아닐까 싶다. 그러다 보니, 외부의 민원인으로부터 문의전화가 걸려 오면 담당자가 없으니 답을 할수 없다며 담당자 복귀 후에 다시 전화하라고 끊게 된다.

회의 방식 또한 그렇다. 보고회의와 전달회의는 있되, 자율적인 분위기의 브레인스토밍은 없다. 토론문화 또한 찾아보기 힘들다. 보고회의에는 익숙하지만 자유롭게 자신의 생각을 나누는 자율 토론식 회의에는 스스로 적응을 하지 못한다. 광주광역시의 K부시장이 간부회의를 주재하면서 토론형의 새로운 회의방식을 도입해 보자고 직원들에게 주문했다. 하지만, 직제의 순서에 따라 실국별로 보고하는 관행은 좀처럼 나아지지 않았다. 경험의 부재가 낳은 결과였다.

홍보를 담당하는 공무원, 홍보 부서는 달라야 한다. 그들은 조직 내에서 커뮤니케이션의 명수들이 모인 조금은 특별한 집단이 되어야 한다. 콘텐츠 하나를 기획하더라도 팀원들이 모두 참여하는 기획회의를 통해서 브레인스토밍을 시도하다 보면 어느새 신선한 아이디어를 건질 수 있다. 얼마나 재미있는 과정인가. 하다 보면 그 재미가 쏠쏠하다.

또한 홍보부서는 늘 창의성을 발현할 수 있는 조직 운영을 꾀해야 한다. 미래학자 앨빈 토플러(Alvin Toffler)가 미래조직의 형태로 제

짝퉁 공무원의 생생한 PR 이야기

시한 애드호크라시와 같은 목적지향형의 TF도 시도해 보고, 브라운 백 미팅을 활성화하는 것도 필요하다. 브라운 백 미팅 시간을 통해 짧은 점심이지만, 홍보인들에게 피가 되고 살이 되는 이야기를 전해 줄 수 있는 전문강사를 초청하여 제대로 콘텐츠를 이해하는 시간을 갖는 것도 긴요하다. 그 대상은 내부인이든 외부인이든 상관없다. 필요한 콘텐츠에 대해 가장 정확한 정보를 줄 수 있는 위치에 있는 사람이라면 오케이다. 국무조정실 근무시절 서남권투자촉진 사업에 포함될 조선업, 신재생에너지산업 등과 같은 고도의 전문성을 필요로 하는 분야에 대한 지식을 브라운 백 미팅을 이용해 배웠던 인상적인 경험을 지금도 잊을 수 없다. 광역자치단체와 같이 종합행정업무를 수행하는 곳에서는 경제, 환경, 복지, 예산, 문화 등 모든 분야의 업무를 이해하기란 용량에 한계가 있다. 그래서 홍보를 담당하는 사람은 늘 열심히 공부해야 한다. 아는 것이 힘이다. 이 힘은 혼자서보다는 함께할 때 제대로 발휘될 수 있음을 명심하자.

▍등지고 있던 의자를 돌려라

"백지장도 맞들면 낫다."고 하는 속담이 있다. 기쁨은 나누면 배가 되고, 슬픔은 나누면 반이 된다는 말도 있다. 두레, 향약과 같은 협동작업의 전통은 사실 농촌에서 반드시 필요했던 우리네 문화였다. 산업화가 진전되면서 함께 일하는 문화는 점차 사라지고 산업의 효율을 높이는 방향으로 분업화가 진행되고, 전문화가 되어 오히려 이제는 함께 일하는 방법을 잃어 가고 있는지도 모르겠다.

단일 주제를 다루는 중앙부처와 달리 광역자치단체에서는 모든 중앙부처에서 다루는 다양한 주제를 다뤄야 한다. 중앙부처가 단일 행정 전문점이라면 광역시도나 자치시군구는 종합 행정 백화점 정도에 해당한다. 경제, 산업, 문화, 농림어업, 환경, 도시건설, 스포츠 등등. 아무리 감각이 뛰어난 홍보전문가라고 하더라도 광역자치단체의 업무 전체를 제대로 파악하고 이해하는 데는 상당한 시간이 걸린다. 사람을 아는 데만도 수년이 걸릴 정도로 조직의 인적 규모 또한 방대하다.

일은 사람이 한다. 같이 일을 하려면 그 사람부터 알아야 한다. 안면 익히기는 조직 내부소통에서는 킬러 콘텐츠에 해당하는 강력한 파워를 가지고 있다. 아는 사람이 이야기하는 것과 모르는 사람이 이야기할 때 나오는 결과물이 다를 수 있다. 흔히 이야기하는 통합적 마케팅 커뮤니케이션(IMC)을 시도하기 위해서는 모든 부서가 홍보에 대한 콘셉트(concept)를 공유하고 동일한 행동을 해야 효과를 볼 수 있다. 광고 중심의 마케팅활동에서 PR을 비롯한 기타 외적인 마케팅활동의 중요성이 부각되면서 등장한 IMC는 정책소비자의 관점에서 다양한 설득 도구들을 일관성 있고 통합적으로 관리 활용하여 목표로 하는 타깃 그룹의 요구를 충족시키는 전략이다. 정책의 입안과정에서부터 IMC적인 시각을 갖고 접근하면 의외의 큰 정책적인 성과를 낼 수 있다.

지방자치단체라면 2000년대 초반 서울시의 마케팅 전략을 공개한 당시 마케팅담당관 강승규 씨의 「주식회사 서울을 팔아라」를 참고할 필요가 있다. 대중교통체계 혁신에서부터 청계천복원까지 서울시의 빅 이슈들을 바로 이러한 IMC마케팅전략을 도입하여 해결했던 생생한 이야기들이다. 정책을 입안할 때부터 시민들의 마음을 파고들 수 있는 방안을 찾는 노력은 홍보담당 부서만의 힘으로는 불가능하다. 공동의 숙의와 아이디어 공유가 필수적이다.

앞에서도 언급했듯이 '혼자서도 잘해요' 문화를 버려야 한다. 경제산업 홍보 콘텐츠를 다뤄야 할 경우라면 서로 다른 부서에 소속되어 있다고 하더라도 그 문제를 가장 잘 이해하고 있는 담당자들을 중심으로 팀워크가 이루어지도록 워킹그룹을 만들어 보는 것도 좋은 대안이다.

서로 머리를 맞대다 보면, 시민들이 원하는 것이 무엇인지 정확한 포인트를 확인할 수 있고, 거기에 접근하는 보다 효과적인 기발한 방법을 찾아낼 수 있다. 이러한 문화를 만들어 가는 첫걸음으로 당신이 앉아 있는 오피스의 구조부터 살펴보라. 당신이 앉아 있는 홍보부서의 오피스 구조가 서로 등을 맞대고 있는 곳이라면 간단한 타원형의 워크 테이블을 중간에 갖다 놓아 보자. 그런 후에 서로의 의자만 돌려라. 이제 얼굴을 맞대기 시작할 것이고 이렇게 간단한 처방만으로도 조직 내에 대화 무드가 형성될 수 있다.

짝퉁 공무원의 생생한 PR 이야기

Challenge for The Best - 외국어와 국제 감각은 필수

광주광역시에서 2년의 시간은 다른 어느 때보다도 쏜살같이 지나
갔다. 아마도 세계 3대 메가 스포츠대회인 유니버시아드 유치라고
하는 한 가지 목표를 향해 부산하게 움직였기 때문이 아닌가 싶다.
광주광역시는 2008년에 2013하계유니버시아드대회 유치에 나섰으나,
러시아 카잔의 벽을 넘지 못하고 쓰라린 패배를 맛보았다. 실패 후
유증이 남긴 상처도 컸다. 145만 시민들이 광주 사상 첫 국제대회의
유치라고 하는 하나의 목표를 설정하고 모든 것을 쏟아부은 이후의
결과라 더욱 그러했다. 열망이 큰 만큼 실망은 급속하게 분노로 번
졌다. 뜨겁게 응원해 주었던 지역 언론의 반응은 차가웠고, 시민단체
들은 분노했으며 시민들은 등을 돌렸다. 여론은 싸늘하게 변했다.

쏟아지는 비판과 냉혹한 여론을 뚫고 광주광역시는 2009년 2015
하계유니버시아드에 재도전했다. 힘겨운 과정 속에서 내린 결단이었
다. 두 번 실패는 없다는 마음으로 모든 행정력을 집중했다. 당시 필
자는 2015하계유니버시아드유치위원회 사무국의 전략홍보팀장을 겸
직하면서 국·내외유치홍보업무를 담당했다. 국내 홍보의 포인트는
무너진 시민들의 열망을 다시 하나로 모아 성공적으로 실사를 마치
는 것이었고, 다소의 어려움이 있었지만 비교적 성공적으로 진행되

었다. 그 결과 2009년 5월 23일 두 번째 유치에 도전한 최종 결선 투표에서 광주광역시는 2015하계유니버시아드대회 개최도시로 확정되는 영광을 안았다.

세계스포츠대회 유치에 노력을 기울이는 지방자치단체는 광주만이 아니다. 인천은 2014아시안게임을 준비 중이고, 2003년 유니버시아드대회를 성공적으로 개최한 대구는 2011세계육상선수권대회를 준비하고 있다. 짧은 시간에 만국 공통어인 스포츠를 통해서 세계가 하나 되는 행사가 올림픽을 비롯한 메가 스포츠 행사다. 세계의 이목이 집중되고, 개최도시의 역량이 매스컴을 타고 세계로 퍼져 나가는 기회가 된다. 짧은 시간에 대한민국 변방의 지방도시를 단숨에 세계에 알릴 수 있기 때문에 대회 개최 그 자체가 훌륭한 마케팅 수단이 된다는 판단에서다. 많은 지방 도시들이 도시의 새로운 활력을 불어넣는 돌파구로 너나없이 세계대회유치에 뛰어들다 보니, 더욱 치열한 경쟁상황이 전개된다.

이제 지방자치단체 공무원들에게 국제적인 업무는 공직생활 중 어쩌다 한 번 만날까 말까 하는 희귀한 업무가 아니다. 세계는 이미 글로벌하게 전개되고 있고, 세계도시와의 경쟁에서 자신의 도시를 알려야 살아남을 수 있다. PR전문가들에게 실무자가 갖춰야 할 요건 중 가장 중요한 한 가지를 선택하라고 한다면 많은 사람들이 '커뮤니케이션 능력'을 꼽는다.

공식적인 업무를 진행하기 위해서는 단순한 생활영어수준의 소통능력으로는 부족하다. 'How are you? Fine. Thank you. and you?' 정도를 넘어서는 영어수준을 갖추는 것이 필요하다. 2년간의 유치기간 동안 광주에서 가장 크게 어려움을 겪었던 것이 소통능력의 부재

짝퉁 공무원의 생생한 PR 이야기

였다. 업무를 실행할 수 있는 영어소통이 가능한 인적 자원이 매우 제한적이었기 때문이다. 사실 유치위원회 사무국의 전략홍보팀장을 맡으면서 가장 큰 부끄러운 일 중 하나는 외국인을 만나면 스스로 작아지고, 중요한 말 한마디 제대로 건네 보지 못했던 기억이다.

요즘 광주광역시청에는 때 아닌 영어 열풍이 일고 있다. 일명 U대회 영어열풍이다. 시청 내 직원들에게는 영어, 중국어, 일본어 등의 학습동아리 활동이 권장되며 강사가 지원되고 있다. 사이버외국어교육과 전화영어까지 지원한다. 유니버시아드 대회가 치러질 2015년에 대학생이 될 현재의 중학생을 비롯하여 여성, 노인 등 다양한 시민과 홈스테이 가구, 숙박음식업 등의 관광업소 종사자, 택시·버스 운전기사에 이르기까지 다양한 분야에 걸쳐 영어자원봉사자 2만 5천 명 양성을 목표로 수준별 영어교육의 기회를 제공하는 '유니버시아드 영어스쿨'이 한창 진행 중이다.

개인적으로도 '토론이 가능한 수준의 영어구사'를 올해의 목표로 정하고 집중 훈련 중이다. 언어가 단시간에 이루어지는 것은 아니지만, 이렇게라도 해야 말 한마디 제대로 못 했던 대한민국 공무원의 부끄러운 자화상을 스스로 지울 수 있을 것 같아서다.

2015광주하계유니버시아드의 슬로건은 "Challenge for the best"다. 최고를 향한 도전처럼 이제 공무원들도 현실에 안주하던 시대는 끝났다. 세계도시와 치열한 경쟁에서 조금이라도 앞서 가기 위해서는 국제적인 감각과 세계와 소통하는 채널이 되는 언어능력은 필수이기 때문이다.

유니버시아드 대회는 170개국에서 1만 3천여 명의 선수와 임원진이 참여하여 17개 종목에서 세계대학생선수들이 자웅을 겨루는 세계대학생들의 올림픽이다. 2015년 광주대회는 메인스포츠경기대회와 더불어 세계대학총학장회의와 유니버시아드 대회를 주관하는 세계대학스포츠연맹(FISU) 집행위원을 선출하는 총회가 병행되기 때문에 역대 최대의 규모를 예상하고 있다. 도시 전체의 소통능력과 국제적 감각을 한층 업그레이드시키는 소중한 계기가 될 것이다.

짝퉁 공무원의 생생한 PR 이야기

▌PR 담당자라면 블로그 정도는 알아야

　간부회의 시간에 있었던 일화다. 회의를 주재한 K부시장이 "여기 블로그를 아는 사람 있습니까?" 하고 질문을 던지자 딱 2명이 손을 들었다고 한다. 홍보 블로그 업무를 담당하는 J과장과 K팀장이었다.

　그날 아침 한 지역방송이 '블로그, 광주소통의 창구'라는 제목의 리포팅을 전파에 태운 것이 질문의 계기가 되었다. 마침 광주시가 도시이미지 개선을 위해 개설·운영하고 있는 도시 홍보 블로그 '빛이 드는 창, 이야기가 흐른다'가 개설 1주년을 맞이하여 전국 블로거를 대상으로 한 포럼을 개최하고, 시(市)청사 내 시민홀에서 블로그 문화와 마인드를 공유할 전시행사가 진행 중이었다. 빛창의 성공 사례는 뒤에서 좀 더 구체적으로 언급하기로 한다.

　평소 차량 이동 중에도 MP3를 이용해 영어공부를 하면서 언어감각을 유지하고, 핸드폰의 문자 보내기는 물론 아이폰을 이용한 트위터에까지 일가견이 있는 K부시장이 간부들에게 "블로그 정도는 알고 있어야 하는 것 아니냐?"며 일침을 가했다고 한다. 공직사회의 미디어에 대한 이해수준을 단적으로 보여 주는 에피소드다.

　흔히들 지금을 웹 2.0세대라고 한다. 참여·소통·공유를 근간으로 한 웹 2.0정신을 잘 구현한 매체가 바로 블로그다. 인터넷 이용자

1. 공무원표 홍보는 이제 그만

수 3천6백만 명, 전 국민의 76.5%가 인터넷을 이용하고 그중 43.1%가 본인의 블로그를 방문·관리하는 '블로그 이용자'(한국인터넷진흥원, 2008)라고 하는 통계도 있다. 블로그, 페이스북, 트위터 등 일명 소셜 미디어(social media) 사이트가 2천5백만 개에 이른다고 하니 우리나라 인구의 50%는 웹 2.0적인 소통을 즐기고 있는 셈이다.

블로그는 사회적 관계구축과 확대에 초점을 두고 운영되는 마이크로 커뮤니케이션 수단으로서 일명 소셜 미디어이자, 정보제공과 관계 구축 및 유지를 위한 하나의 소통현상이다. 블로그는 140자 이내로 짧게 메시지를 입력하는 트위터라는 미니 블로그로 더욱 진화되고 있으나 블로그의 중심에는 쌍방향성의 구현이라는 웹 2.0 정신이 자리하고 있다. 즉각적인 응답이 가능한 댓글과 서로의 의견을 공유할 수 있는 엮인 글(트랙백), RSS(구독기) 등 블로그 소통의 핵심적 기능들은 즉각적인 응답이 가능한 대화적 소통을 가능케 한다. 블로그는 편집되지 않은 목소리(unedited voice of a person)를 통해 자신의 일상적인 활동과 생각을 노출하기도 하고, 추천 가치가 높은 다른 웹 사이트를 링크하여 소개해 주기도 한다. 특정 주제에 전문성을 갖고 정보를 전달하기도 한다. 대화적 소통방식으로 인해 블로그는 첨단 디지털 기술을 통해 아날로그적인 감성 공간을 창출함으로써 커뮤니케이션 욕구를 해결하는 장이자, 같은 의견을 가진 이웃들과 교류의 장이 되고 있다.

블로그 연구자들에 따르면 블로그 스피어는 두 가지 층위의 정보를 제공하는데, 하나는 콘텐츠고, 다른 하나는 관계성이라고 말한다. 개인 저널과 비교해서 블로그는 온라인 포스팅 방식을 통해서 대중적인 구독을 가능케 하고, 이와 동시에 다른 사이트로의 연결성을 확보하여 관계를 강화하는 매체적 특성을 갖기 때문이다. 블로그의 대화적 소통방식과 연결기능은 내용적으로나 기술적으로 웹 관계를 구축하기에 매우 용이한 구조를 갖고 있다. 이러한 매체적 특성으로 인해 블로그는 다양한 관계성 증진에 매우 유용한 수단이 될 수 있는 가능성을 갖는 것이다.

최근 정부부처를 비롯하여 대부분의 공공기관들이 블로그 홍보에 열을 올리는 이유도 간단하다. 블로그 이용자의 수가 그만큼 많고, 블로그를 통해 효과적인 홍보를 할 수 있다고 믿기 때문이다. 그러나 정작 매체가 갖고 있는 고유의 특성을 제대로 이해하지 못하고 운영한다면 개점 휴업상태의 사이트로 전락할 위험이 크다. 뉴미디어들이 속속들이 세상을 변화시켜 가면서 홍보의 방법과 접근도 달라지고 있다. 단순히 언론에 보도되게 하는 홍보는 그야말로 옛날 방식이 되었다. 변화하고 있는 미디어의 흐름을 제대로 이해하지 못한다면 참 답답한 일이다. 대한민국 국민 절반이 하고 있다는 '블로그'쯤은 아는 것이 상식이 아닐까.

▌열정은 최대의 무기, 불살라라

업무현장에서 만난 홍보담당자들은 대개가 열정적이며 적극적인 성격의 소유자들이다. 거침없이 열린 커뮤니케이션을 좋아한다. 나 역시 그렇다. 아마도 홍보라는 업무 자체가 누군가를 설득시켜야 하는 적극성을 필요로 하는 일이기 때문이 아닌가 싶다.

정책홍보는 대개 중앙정부, 지방정부를 비롯하여 정부조직에서 이뤄지는 홍보활동을 통칭하는 개념이다. 정부조직과 공중 사이에 이루어지는 모든 커뮤니케이션활동을 포괄한다. 2002년 이후 정부홍보의 전문화와 함께 전직 언론인, 홍보 및 광고회사, 대학의 연구자 등 다양한 경력의 소유자들이 정책홍보 부서에 투입되어 활동을 시작했다. 하지만 공직에 입문한 홍보전문가들이 공직사회에 적응하는 데는 적지 않은 시간과 고충이 따른다. 비교적 자율성이 적고 융통성이 부족한 정부조직이 갖는 특성 때문이다. 1997년 IMF 사태를 겪은 이후 직업의 안정성이 줄어들면서 정년이 보장되는 공무원은 최고의 직장으로 인식되고 있지만, 그 자리를 박차고 다시 업계로 복귀하는 이들을 종종 보곤 한다.

가장 먼저 부딪히는 장애물은 위계적이고, 복잡한 내부의 커뮤니케이션 구조다. 내부 고객을 설득하여 의사결정이 이뤄져야만 애써

짝퉁 공무원의 생생한 PR 이야기

기획한 PR프로그램이 실행될 수 있기 때문에 그 자리에서 주저앉게 되면 게임은 끝이다. 소위 말하는 다단계 결재시스템을 거치면서 초기의 기획이 그야말로 공무원적으로 수정되어 돌아오는 경우가 있다. 절망한다. 그 횟수가 많아지면 결국은 좌절한다.

스스로 지쳐 떨어지지 않으려면 철저한 기획과 논리 그리고 설득 가능한 공조직의 문화적 콘텍스트(contexts)를 잘 파악해야 한다. 그러려면 먼저 조직을 알아야 한다. 조직을 안다는 것은 여러 가지 의미가 있지만, 조직 내부의 사람을 아는 것이 우선이다. 대학 연구경력으로 나보다 먼저 공직사회에 입문한 한 선배는 이런 조언을 했었다. "지난 3년간 정부조직에서 홍보팀장을 하면서 절반은 사람을 익히고 조직을 익히는 데 보냈다."라고 하면서 내부조직과의 원활한 인간관계를 형성하는 데 신경을 쓰라는 조언이었다. 시간이 지날수록 이 선배의 조언은 참말이었다.

내부적으로 화합의 커뮤니케이션을 해야 하고, 상사들을 충분히 설득할 수 있는 논리적 근거도 마련해야 한다. 상위직급이 아닌 중간 관리자 수준이라면 수평적, 수직적 커뮤니케이션의 기술을 모두 익혀야 한다. 서울특별시 정도 되는 재정규모를 가진 곳이야 사정이 다르겠지만, 대개 열악한 재정기반의 지방자치단체는 홍보에 큰 예산을 투자하기가 쉽지 않다. 그러려면 튼튼한 근거를 마련하는 것이 예산을 확보하는 데도 필수적이다. 예산을 수반하지 않고 홍보업무를 진행한다는 것은 담당자를 기진맥진하게 하는 일이다.

그런데 현장에서 얻은 교훈이 있다면 논리보다 더 중요한 것은 '열정의 힘'이다. 하고야 말겠다는 의지와 열정이 있다면, 아무리 어려운 조직 내의 부침 속에서도 굳건하게 자리를 지킬 수 있다. 공조직 문화에 압도되어 타고난 기질과 열정을 위축시키지 말고 자신 있게 열정을 불사른다면, 그것으로 감동하게 되어 있다. 본능적으로 자신의 몸속에서 꿈틀거리는 열정의 유전자를 깨워 내라. 그러면 공무원사회에서 홍보업무에 적응하는 데 훨씬 수월해진다.

열정의 유전자로 조직 내부를 물들인다면 지방자치단체의 홍보는 보다 세련되고, 보다 시민친화적인 모드 전환이 이뤄질 것이다.

▌나부터 말을 걸어 보자

정부조직의 **PR**은 일반 기업의 그것과 달리 근본적인 차이가 있다. 기업이 상품과 서비스를 다룬다면, 정부조직은 행정 서비스인 정책을 다룬다. 대상도 다르다. 기업의 주요 타깃이 자신의 돈을 기꺼이 지출하여 제품이나 서비스를 구매하는 소비자라면, 정부기관의 주 타깃은 정책의 수요자인 국민, 시민이다. 정책홍보를 수행하는 담당자라면 기업홍보와 다른 근본적인 차이점에 대한 충분한 이해하에서 업무를 수행해야 한다.

홍보전문가로 공직사회에 입문하여 가장 무섭게 느낀 긴장감이 있다면, 공무원들로부터 동료로 인식되기보다는 경쟁자로 인식될 수도 있음을 경험했을 때다. 특히 지방자치단체에서 어느 정도 직급을 갖고 입사할 경우 전체적인 정원 내에서 해당 급수의 승진 자리 하나가 없어지기 때문이다. 인사 불만 요인인 것이다. 광주광역시에서 내 경우도 5급 상당의 대우를 받고 기획홍보팀장직을 수행하자 6급 직원들의 불만과 원성이 있었다는 이야기를 나중에 전해 들었다.

이렇게 들어온 신입 공무원이 내부 고객들로부터 스스로 인정을 받기까지는 상당한 시간을 요한다. 홍보전문가에 대한 조직의 요구에 답해야 하면서도 한편으로는 조직의 룰에 익숙해져야 한다. 일반

1. 공무원표 홍보는 이제 그만

적으로 공직사회는 행정직, 기술직, 기능직 등 3개의 직군으로 구성이 되며, 별정직(상당 기간 동안 그 직이 유지되는), 일반계약직, 전문계약직과 같은 계약직의 공무원들이 있다. 정부기관이나 지방자치단체의 홍보전문가는 주로 계약직이 다수다.

일반 행정직의 경우는 어느 조직이든지 순환보직으로 발령을 받아 움직이는 데 반해 기술직렬은 한정된 직군 내에서 인사이동이 이루어지기 때문에 행정직에 비해 제약이 크다. 행정직에 비해 승진도 비교적 늦은 편이다. 사실 행정조직의 헤게모니는 행정직들이 장악하고 있다고 봐야 한다. 계약직에 대해서는 정해진 기간 동안 보고 그만 볼 수도 있는 사람이라는 인식이 깔려 있어서 다소 무시당할 수 있는 요소가 충분하다.

이 같은 조직상의 위계와 디테일한 구조를 이해하는 데는 상당한 시간이 소요된다. 한 조직을 대외적으로 알리는 PR업무의 상당부분은 내부조직으로부터 원활한 정보를 공급받는 것이 필수적인데, 이는 조직구성원과의 인맥이 일을 쉽게 할 수도 있고, 불편하게 할 수도 있다는 점이다. 핵심은 '조직 내부의 인맥'관리와 나름의 역학관계를 파악하는 것이 중요하다. 1년 정도는 이런저런 것을 생각할 틈이 없이 그냥 바삐 지나간다. 그러다 2년째쯤 들어가면서는 조직도 보이고 인물도 보인다. 사람을 그만큼 알아 가게 된다. 광역시 정도가 되면 市산하 공무원이 6천여 명 정도다. 그중 본청에 근무하는 인원만 해도 3천명이 넘는다. 그냥 알아지는 것은 아니다. 노력이 필요하다. 내가 조직 구성원의 누군가를 알아 가는 가장 좋은 방법은 역으로 나를 알려서 조직의 다른 사람들이 나를 알도록 하는 역발상도 필요하다.

짝통 공무원의 생생한 PR 이야기

필자의 경우 후자의 방법을 썼다. 내가 어떤 사람인지를 알리고 관심을 유도하는 전략으로 단기간에 존재를 알리고, 이를 통해 좀 더 빨리 많은 사람과 친해질 수 있었다. 모든 공무원들이 공유하고 있는 행정포탈을 적절히 활용할 것을 권장한다. 나의 경우 'MK의 PR이야기'라는 이름으로 홍보와 PR에 대한 생각을 정리한 칼럼을 주기적으로 작성하여 전체 메일 쓰기를 시도해 봤다. 먼저 알은체를 해 주는 사람이 늘어났다. 광역단위에는 자체 공무원교육원이 있기 마련인데 전문성을 활용하여 강사로 활동해 보는 것도 많은 조직 내 직원들과 교류할 수 있는 기회가 된다.

2. 생생한 현장 PR노트

지방생활에 익숙한 운전자에게 초행길 서울은 두려움의 대상이었다. 그런데 내비게이션이 나오면서부터 모르는 길을 가는 것이 겁나지 않게 되었다. 촌놈도 서울 길을 찾아가는 데 없던 용기가 생기게 만들어 주었다. 어느 길을 가든 안내를 도와줄 지도가 필요하다. 정책홍보업무 역시 그렇다. 일관성 있고, 체계적이고, 전략적으로 일을 진행하기 위해서는 종합설계서를 만드는 것이 기본 중에서도 기본이다.

그렇지만, 대다수 지방자치단체의 홍보 현실은 그렇지가 못하다. 주먹구구, 중구난방, 하나로 통합되어 집중하기보다는 사업을 다루는 부서에 따라서 중복되기도 하고 누락되기도 하는 것이 현실이다.

사실 홍보전문가라는 타이틀로 공공기관의 홍보업무를 담당하게 되면 가장 먼저 놀라게 되는 것 중의 하나가 이런 현실과 맞부딪히는 당혹감이다. 교과서를 통해서 배웠던 PR이론들은 어디에 있는 것인지? 비전도, 목표도 그리고 기초적인 데이터도 부재한 것이 현실이다.

전문성을 갖고 제대로 된 홍보를 하기 위해서는 먼저 상황인식이 필요하고, 문제인식에 따른 처방과 전략, 전술 개발이 이어져야 한다. 인지도를 높이는 것이 목표인지, 선호도를 높이는 것이 목표인지, 분명한 목표가 세워져야 한다. 무엇을 얼마만큼 개선시킬 것인지를 분명한 수치로 제시해야 한다고 배운다. 종합적인 PR로드 맵이 필요하다. 2002년 이후 홍보전문가들이 정부부처와 공공기관에 대거 입성했다. 2005년 통계에서 보면 일간지 등 기자출신만 5급 이상이 28명에 이른다는 통계도 있다.

정부부처이든 지방자치단체이든 어떤 정부조직이냐를 막론하고 나름 홍보에 일가견이 있다는 전문가들이 홍보실에 들어가면서 가장 크게 봉착하는 문제는 눈에 띄는 성과를 내야 한다는 부담감이다. 그것도 기존의 공무원들이 하던 것과는 차원이 다른 방법으로. 그래서 톡톡 튀는 아이디어와 딱딱한 기관의 이미지를 완화시키기 위한 소프트한 방법의 접근을 정책홍보 분야에서도 선보이기 시작했다.

국무조정실과 광주시청에서 가장 먼저 했던 일 중 하나는 전문PR회사로부터 홍보컨설팅을 받아 보는 것이었다. 수행해야 할 과업과 예산의 범위 내에서 효과적인 홍보매뉴얼을 먼저 개발하고 나면, 그것에 따라 분명한 비전과 목표하에 일관성 있고 체계적인 홍보를 할 수 있기 때문이다. 또한 홍보업무에 대한 성과에 대해서도 보다 객관적으로 정당하게 평가받을 수 있다.

홍보를 제대로 해 보고자 하는 정부기관이라면, 주먹구구식의 홍보 관행에서 벗어나기 위해서라도 적극적으로 도입해 볼 것을 권장한다. 홍보전문회사의 톡톡 튀는 감각과 아이디어를 활용하라. 물론 아이디어에 대한 정당한 대가를 지불해야 한다. 이는 우리나라 PR산업발전에도 크게 도움이 될 일이기도 하다.

석 달 걸려 만든 8쪽짜리 리플릿의 교훈

PR을 전공하여 박사학위를 받은 이후 얻은 첫 직장은 국무조정실이었다. 사실상 대학의 연구소에 머물다가 홍보현장으로 첫 외유를 한 것이었다. 물론 연구소에서 프로젝트 진행이나 코스워크를 하는 과정 중에 한 지방자치단체의 브랜드 개발을 해 본 경험이 없었던 것은 아니다. 나이도 들 만큼 들어서 현장에 나가는 부담은 무척 컸다. 사실 홍보회사에서 30대 후반이면 부장이나 실장급이고 40대면 독립하여 사장을 하지 않으면 본부장이나 이사 정도를 해야 하는 것이 현실이기 때문이다. 홍보회사의 인적 구성은 매우 젊다. 그것이 경쟁력이기 때문이다. 겁도 나고 잘할 수 있을 것인지 자신이 없기도 했다.

실용학문인 PR을 전공하면서 이론의 공허함을 느껴 왔던 차였다. 최소한 3－5년은 현장경험을 충분히 쌓아야겠다는 것이 당시의 생각이었다. 여러 부처에서 홍보전문가 공채를 했고, 지원서를 냈다. 그때마다 번번이 떨어졌다. 좀처럼 정부부처에서 일할 기회가 주어지지 않았다. 쟁쟁한 경력과 학력의 소유자들이 1명 공채에 10여 명 이상 지원하는 일이 예사였다. 운 좋게도 국무조정실에서 일할 수 있는 기회를 얻었다. 너무나 기뻤고 의욕은 넘쳤으나, 정책홍보의 실

짝퉁 공무원의 생생한 PR 이야기

체를 제대로 이해하지는 못한 상태였다.

홍보업무의 전문성을 인식하고 그만큼 중요하게 여겼던 부단장은 입사 첫날부터 깐깐한 업무 지시를 내렸다. 당시 국무조정실에서 우리 추진단의 임무는 서남권을 발전시킬 구상과 이를 실현시킬 특별법을 제정하는 것이었다. 서남권특별법 제정의 정당성을 담은 리플릿을 제작해서 국회의원들에게 보내기로 했다. 왜 특별법이 제정되어야 하는지를 설득력 있게 제시하는 것이 포인트였다.

당시 깐깐한 사수로 L국장을 만났다. 나름대로 괜찮은 논리적 구조를 갖춘 내용과 레이아웃에 디자인도 신경을 써서 초안을 만들었다. 그러나 L국장은 수정에 수정을 거듭했다. 그러다 보니 리플릿을 최종적으로 완성하는 데 거의 석 달이 걸렸다. 3년간 신문사에서 인쇄 밥을 먹으며 실무경험이 있었던 나로선 매우 당혹스런 경험이었다. 8쪽짜리의 간단한 리플릿을 이렇게 장기간 만들어야 하다니.

많은 시간이 걸렸다고 하여 명작을 만든 것은 아니었지만, 정책홍보가 무엇인지를 뼈저리게 느끼게 해 주었던 소중한 경험이었다. 다소 지루했던 석 달의 시간은 '정책홍보'가 무엇인지를 발견하게 했던 실로 소중한 경험이었다. 정책을 홍보하는 데 있어서 가장 중요한 것은 '정확한 사실의 전달'이라는 점이다. 예쁜 디자인과 보기 좋은 레이아웃은 정확한 사실, 그다음의 문제였다. 홍보전문가라는 타이틀로 입사하였으나, 초기에는 행정의 달인들로부터 오히려 많은 것을 배웠다.

몇 장 안 되는 리플릿을 만들더라도 완벽한 문장구조, 정확한 용어사용, 논리적 구성이라고 하는 기본에 충실해야 한다. 쪽수가 적은 리플릿일수록 만들기가 더 어렵다. 잘 만든 광고카피 하나가 문화를 바꾸듯이, 잘 만들어진 정책홍보 리플릿은 많은 사람들에게 정책을 제대로 이해시킬 수 있는 무기가 되기도 한다. 리플릿을 만들 때는 그 리플릿을 받아 볼 대상이 누군지, 그리고 왜 만드는 것인지를 분명히 생각해야 한다. 대상과 제작의 목적이 리플릿에 담아야 할 내용과 메시지의 수준을 결정하기 때문이다.

아직도 많은 정부기관의 리플릿들이 기획과정을 거치지 않고 정보를 나열하는 초보적인 수준에 머물러 있다. 리플릿 하나가 그것을 만든 조직의 품격을 말해 줄 수도 있다. 하나를 만들더라도, 적은 분량을 만들더라도 더욱 세심한 기획과정을 거쳐 작품을 만든다는 생각으로 심혈을 기울여야 한다. 인쇄업자에게 서류를 던져 주면서 "알아서 샘플 만들어 오세요." 하는 홍보담당자의 리플릿은 보여 주기 위한 전시행정에 불과할 뿐이다.

우리의 고객인 국민이 또는 시민이 원하는 것이 무엇인지를 고민하고, 역지사지하는 마음으로 필요로 하는 정보만을 족집게처럼 집어내 주는 것이 훌륭한 정책홍보 리플릿이다. 국민의 가려운 곳을 긁어 주는 정보를 담은 리플릿은 그들에 대한 애정으로부터 나온다.

▌내가 못 하면 제3자를 활용하라

PR에서 자주 활용하는 '제3자 인증(Third - party endorsement)' 전략이 있다. 누구나 인정하는 전문가를 제3자라고 부르는데 이들의 인증을 받아냄으로써 대중의 신뢰성을 높이는 홍보전략 중 하나다.

홍보를 담당하는 정부조직 공무원들의 취약점 중에 최악을 꼽으라고 하면 혼자 힘으로 모든 것을 해결하려고 하는 습성이다. 나는 그것을 '혼자서도 잘해요' 문화라고 칭하고 싶다.

첫 직장에서 정부의 서남권 발전구상이 발표되자, 이미 민간차원의 논의기구인 서남해안포럼이라는 자발적인 지원조직이 만들어졌다. 당시 핵심요지는 국가균형발전 차원에서 가장 낙후된 서남권의 발전을 통해 국토 전체의 효율적인 운영과 시너지를 꾀하자는 것이었다. 메인 테마인 셈이다.

정부가 백 날 이 주장을 해 봐야 설득력을 얻기는 어려운 상황이었다. 이 일을 추진하는 정부기구에서 이런 주장을 하는 것은 너무도 당연한 일이기에 대중에 대한 호소력이 떨어졌다. 제3자를 활용하는 홍보전략을 선택했다. 서남권발전구상 자체가 국민들에게 충분하게 알려지지 않아 인지도가 낮은 상태에서, 호남권에서만 호응하고 상대적으로 배제된 다른 지역들로부터 불만이 나올 수 있는 사안이었기 때문이다.

　지역별로는 호남출신이 아니면서도 충분한 전문성과 명성을 갖춘 전문가의 인증을 얻어 내는 것이 필요했다. 지역균형발전 차원에서 서남권 발전의 당위성과 효과를 객관적으로 이야기해 줄 수 있는 전문가들에게 짧은 리포트를 부탁했고, 이 글은 자체적으로 발행한 뉴스레터의 형식으로 PCRM(정책고객관계관리시스템)을 통해서 오피니언리더급의 정책고객들에게 먼저 전달됐다. 또한 중앙일간지의 오피니언란에 기고를 했다. 전문가 의견을 확산하기 위한 방안이었다. 전문적인 정책사안의 특성상 1차 타깃은 오피니언리더그룹이 적절했다. 매스미디어로부터의 정보나 영향력은 곧바로 그 수용자에게 흐르는 것이 아니라 2단계의 유통과정을 거치는데 일단 의견지도자(opinion leader group)를 거쳐서 다시 대중에게로 흐른다고 하는 미디어효과를 믿어 보기로 했다. 이러한 전략은 나름대로 소기의 성과를 가져왔다.

　정부기관이나 자치단체에는 다양한 전문가 그룹들이 포진하고 있다. 중요한 사업의 경우는 별도의 자문그룹이 구성되기도 한다. 전문가 그룹들이 가진 두뇌를 활용한다면 혼자서 고민하는 것보다 백배의 효과를 낼 수 있다. 백지장도 맞들면 낫다는 속담이 있지 않은가. 정부기관에서 운영하고 있는 각종 위원회가 그러한 역할을 할 수 있는 그룹들이다. 혼자서 끙끙댈 필요가 없다. 효과적인 홍보를 위해서는 가까이에 있는 제3자에게 도움을 청하는 것도 영리한 방법이다. 피 터지게 알린다고 해서 효과가 좋은 것은 아니다. 영리한 방법으로 알리는 것이 더 중요하다.

짝퉁 공무원의 생생한 PR 이야기

▌돈이 없어 시작한 만화와 블로그 홍보

'만화로 시정을 알린다.' 지금은 정책홍보 분야에서 만화가 익숙한 아이템이 되었다. 하지만 2000년대 초반만 해도 정부를 비롯한 공공기관이 만화를 정책홍보에 활용하겠다는 것은 역발상 중 하나였다. 2007년 연말 광주광역시에서 시정홍보를 시작했을 때까지도 만화는 찾아볼 수 없는 방법이었다. 서울보다는 지방이 문화적으로 더 보수적이어서 여전히 만화를 애들이나 읽는 가벼운 콘텐츠로 생각하는 관습도 일정부분은 영향을 미치고 있었다.

처음 광주광역시에서 일을 시작했을 때 당황스럽게도 홍보예산이 하나도 없었다. 지방자치단체의 예산편성 흐름상 2008년 예산은 2007년 8월부터 작업에 들어간다. 그러나 당시 내가 맡을 기획홍보팀은 2008년 1월에 조직 승인이 난 부서였다. 그러다 보니 사업예산이 편성되지 않은 것은 지극히 당연한 일이었다. 예산사정과는 달리 홍보전문가가 맡은 새로운 기획홍보팀이 어떤 일을 벌일 것인지에 대한 주변의 관심과 기대는 높았다. 뭔가 신선한 홍보 전략을 궁리하지 않으면 안 되는 상황이었다.

정말로 답답한 심정이었다. 하지만 뭐가 되었든 보여 주어야 했다. 그래서 생각한 것이 최소의 비용으로 빠른 효과를 낼 수 있는 두 가지 방안을 고안해 냈다. 첫 시도로 광주지역 사립대학인 C대학교 만화애니메이션학과 학생들과 함께 시정홍보 만화 캐릭터와 스토리를 기획했다. 당시 이 대학에서는 누리사업(NURI: 지방대학혁신역량강화사업)으로 만화애니메이션인력양성사업을 하고 있는 중이었다. 누리사업의 경우 카운터파트너로 사업비를 반반 매칭하면 좋은 평가를 받을 수 있었다. 광주시와 C대학이 함께 상생할 수 있는 좋은 환경이었다. 관학협력사업을 통해 광주시는 큰 예산을 들이지 않고 시정홍보 만화개발이 가능하고, 학생들의 재기발랄한 발상과 감각으로 광주시정을 볼 수 있는 기회였다. 또한 학생들의 기량을 길러 준다는 명분까지 더할 수 있었다.

그래서 시작한 첫 만화 기획이 '미스터광 미스주의 ♡ 이야기'다. 사랑하는 두 연인을 캐릭터로 등장시켜 만화를 통해 딱딱한 시정을 알리겠다는 발상은 공무원들에게 신선한 충격이었다. 많은 동료직원들의 입에서 입으로 미스터광 미스주 이야기가 회자되기 시작했다. 수출 1백억 달러의 산업도시 광주를 비롯하여 1페이지짜리 9칸 만화 100여 편 이상을 탄생시키면서 광주시내의 시내버스정보안내시스템(BIS), 광주지하철의 모니터 등을 통해 시민들에게 다가갔다. 「미스터 광, 미스주」 만화시리즈에 이어 광주의 맛과 멋을 알린 「산해와 진미의 광주8경 5미」, 첨단산업도시 광주의 면모를 알린 「닥터파슬과 솔라파워」 등 광주의 만화홍보는 진화를 거듭했다. 이렇게 하여 물꼬를 튼 만화홍보는 더욱 세련미를 더해 빛의 도시 광주의 이미지를 전달하는 1페이지의 웹툰 '광주 빛소리'와 움직임을 가미한 만화영상으로 편집되어 인터넷과 블로그 등을 통해 상당한 호응을 얻었다. 또 2008년 연말에는 한 권의 만화책으로 재탄생되었다.

짝퉁 공무원의 생생한 PR 이야기

만화홍보에 대한 시민들의 반응은 "재밌게 읽었다.", "누가 그런 아이디어를 냈느냐?"는 격려의 말로 돌아왔다. 동료 공무원들의 반응은 더 뜨거웠다. 환경녹지국, 사회복지국 등의 다른 부서의 문의가 잇따랐다. 만화홍보를 하려면 어떻게 해야 하느냐, 그리고 좋은 만화가를 소개시켜 달라는 요청이었다. 돈이 없어 시작했던 광주시의 만화 시정홍보는 생각보다 큰 반향을 얻을 수 있었다. 정말 저예산 홍보의 교과서가 될 만한 사례다.

▌대한민국 최고를 향한 꿈, '빛창'

'돈 없이도 열정 하나면 충분하다.'는 담대한 생각으로 겁 없이 뛰어든 것이 블로그였다. 욕심 많게도 처음에는 블로그를 세 개의 플랫폼에 개설하여 운영했다. 네이버(Naver)와 다음(Daum), 그리고 싸이월드(Cyworld)까지. 지금 생각해 보면 참으로 무모한 야심이 아닐 수 없었다. '세계의 빛 광주'라는 이름으로 첫 둥지를 틀었다. 하지만 블로그적 소통의 한계를 뼈저리게 느껴야 했다. 단순히 열정만으로 되는 것이 아니란 것을 깨달았다.

2008년 1월 개설하여 수개월간의 시행착오를 거친 끝에 블로그에 대한 본격적인 고민이 시작되었다. 마치 홈페이지를 운영하듯이 기계적으로 생산된 보도 자료를 올리는 블로그 운영은 홈페이지에서 한 걸음도 나가지 못한 것임을 깨닫게 되었다. 블로그에 대한 공부를 시작했다. 서울의 블로그산업협회 주관의 서밋에도 참석하여 웹 2.0 소통과 블로그에 대한 교육도 받았다. 일명 사이버상의 새로운 스타로 떠오른 파워 블로거들의 운영사례를 벤치마킹했다. 때로는 전화로, 때로는 이메일로, 때로는 직접면담으로 개인 파워 블로그들의 노하우와 성공의 핵심을 파악하려 애썼다. 수십만 원짜리 유료 블로그 교육을 받으러 상경하고, 광주 블로그만의 정체성을 담은 테마 잡기에 골몰했던 시간, 그리고 개설 이후에는 사무실이고 집이고 자정이 넘도록 포스팅에 열을 올리고, 아이들과 함께 가는 곳은 어디든 블로그에 올렸던 노력까지 눈물 나게 힘들었지만, 재미있었다.

수개월이 흐른 후 우리는 '소통과 교감의 채널'이라는 블로그 운영의 원칙을 세웠다. 광주라고 하는 도시의 소통 창구 역할을 할 수 있는 매체를 만들기로 한 것이다. 그래서 광주시청의 블로그 담당자는 한 사람이 아니다. 누구에게나 개방된 팀 블로그다. 누구나 주인이 되는 블로그, 이것이 글을 쓰는 포스트마다 닉네임이 다른 이유다. 소통하기를 원하는 누구에게나 열린 창이 되기로 했다. 빛과 인연이 깊은 도시의 정체성을 살리기 위해 '빛이 드는 창, 이야기가 흐른다'(이하 빛창)라고 하는 예쁜 블로그 이름도 지었다.

공무원들이 만들어 가지만, 공무원적이지 않은 블로그, 그것이 빛창의 최고 매력 포인트다. 빛창 블로그에 들어서면 누구도 공무원 티를 쉬 발견할 수 없다. 빛창이 개편 4개월 만에 올블로그 4개 부문에서 대상을 수상하면서 세간의 주목을 받았던 비밀은 바로 거기에 있었다. 공무원 티가 안 나는 공무원 블로그. 2010년 1월에는 2009 대한민국 블로그 어워드 공공부문 3위에 랭크되었다.

지금도 기획홍보팀의 직원들이 각자의 닉네임을 가지고 포스팅을 한다. 처음에 시큰둥하던 동료 직원들이 블로그에 관심을 갖기 시작했다. 블로그가 무엇인지 어렴풋이나마 이해하게 되었다. 마샬 맥루한의 말처럼 미디어는 메시지다. '블로그'라는 미디어가 우리시대에 남기는 메시지는 무엇일까? '소통방식의 변화, 삶의 변화'가 아닐까?

아직도 1980년 5월 18일의 아픈 기억을 간직한 도시, 서울에서는 멀게만 느껴지는 지방의 소외된 도시, 이 마음의 간극을 메우는 것이 도시 블로그 빛창의 기획의도였다. 빛창을 찾는 방문객, 그리고 이웃들이 남긴 댓글을 보면 빛창의 이러한 의도는 상당히 달성되고 있다고 자평한다.

"가끔 들어오는데요 광주는 그냥 먼 곳이라는 느낌이었는데 광주뿐 아니라 남도 자체의 제 선입견을 많이 바꿔 주신 것 같습니다. 아기가 태어나면 아내와 셋이 한 번 다녀오고 싶네요." – 아지 아빠님

"빛창이 블로고스피어에서 기여한 바는 지대합니다. 저도 주변에 빛창을 모범사례로 많이 언급하고 있고 빛창보다 진화한 경쟁자(?)도 조만간에 나타날 것 같습니다. 큰 박수와 응원을 함께 보냅니다." – 마실님

짝퉁 공무원의 생생한 PR 이야기

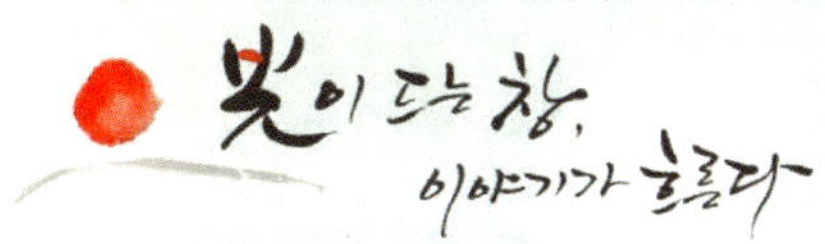

좌측 사이드바

광주호
Gwangjuho Lake

관리자 | 글쓰기

[공지] sayGJ 블로그가 새단장을...
[공지] 적립된 sayGJ 포인트는...
[공지] 서비스 일시 중단 공지
[공지] 6월 이벤트 당첨자 발표
[공지] 5월 댓글왕, 선플왕 추첨...
[공지] 20만명 돌파기념 이벤트
[공지] sayGJ 운영정책
[공지] 내 블로그에 '광주문화정...
[공지] sayGJ를 소개합니다

Category

전체 (290)
- GJ Live (40)
- Go to Joy (181)
  - 지도를 펼치자 (79)
  - 축제야 모여라 (23)
  - 문화야 놀자 (78)
- **GJ Story (47)** N
- GJ Library (22)
  - 추억 상자 (9)
  - 톡톡 툰 (13)

Tag

상수 무등산 문화수도 광주여행 빛고을 블로그 비엔날레 음악거리 사적골 답사기 행사 서석대 남도여행 예향 입석대 여행 김대중컨벤션센터 남도관광 공연 장불재

Recent Post

- 사투리에 얽힌 일화들 (10)
- 국가대표 3인의 광주이야 (20)
- 광주빛소리 4 (32)
- 9월 7일! 빛창의 첫 생일이 (45)
- 추억의 흑백사진 8. 58년 (30)
- 상무지구 안의 녹색 천국!! (42)
- 제가 신문에 나왔어요 ^^ (73)
- 국민의 별이 진 자리... 광 (26)
- 광주의 정신적 아버지, DJ (26)
- 민주화의 영원한 불꽃, 김 (19)

Recent Comment

- [15:32] 호랑을 주머니라고 하는
- [15:14] 우리의 전통살려야죠! 저
- [14:49] 우왕~ 좋다
- [14:42] 제가 사는 곳은 첨단인
- [13:25] 호랑 = 주머니 !!! 아항
- [13:19] 음.. 역시 사투리는 어려
- [13:05] 펴가기 했는데요, 제 불
- [13:03] 와~~~! 너무 좋아요!!!
- [12:55] ㅋㅋ 재미납니다.
- [12:50] 저두 너무 가고 싶어요

Recent Trackback

- Percocet.
- 지역블로그 활성화방안 주제발
- baezzang님의 믹시
- 애인과 9월에 꼭 가봐야 할 전국
- baezzang님의 믹시

최근글

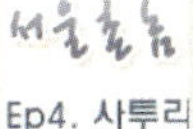

사투리에 얽힌 일화들
Posted by 서울촌놈 (at 08:34:00)

꾸벅~!!! 오랜만에 찾아뵙는 "서울촌놈 S씨" 입니다. 광주에 이사와 생활한지도 어언 1년하고도 3개월이 다 되어가는데..오늘은 그동안 광주에 살면서 익힌 전문용어(사투리)에 대한 두가지 에피소드를 이야기 하렵니다. **** 작년.. 제가 광주에 오기전의...

국가대표 3인의 광주이야기
Posted by baezzang (at 2009/09/01)

영화 국가대표를 보셨습니까?저는 어제 국가대표를 만났습니다. 그것도 3명씩이나....비인기종목의 설움을 딛고 영광의 메달을 딴 스키점프 국가대표의 이야기에 눈물을 훌쩍했던 국가대표의 기억을 간직하면서 베오그라드 유니버시아드대회에서 영광의 메...

광주빛소리 4
Posted by 빛이드는창 (at 2009/09/01)

광주빛소리 네번째 이야기

9월 7일! 빛창의 첫 생일이 다가옵니다 ^^
Posted by 빛이드는창 (at 2009/08/31)

9월 7일로 빛창이 어느새 1년이 됩니다. 첫 번째 맞는 생일이지요. 처음 시작할 때만 해도 팀블로거들과 머리를 맞대고 잘 운영할 수 있을까? 이런 글들 사람들이 읽어줄까? 등등 많은 고민을 가지고 출발했는데 생각보다 많은 사랑을 받았고 격려와 부러움...

추억의 흑백사진 8. 58년 충효동 왕버들나무 위의...
Posted by baezzang (at 2009/08/28)

왕버들나무 위의 추억 햇살 뜨거운 여름 날, 아이들은 마을 앞으로 흐르는 맑은 개천에서 멱을 감았으리라. 풀놀이에 지친 아이들은 들판을 가로질러 오며 소꼴을 뜯었을 것이며, 더러 개구리와 뱀을 잡아 구워먹기도 했을 것이다. 따른 뒷산에 올라 닭으...

GJ Live more

- 9월 7일! 빛창의 첫 생일이 다가옵니다 (2009/08/31)
- 국민의 별이 신 자리... 상수문및소는... (2009/08/20)
- 광주의 정신적 아버지, DJ (2009/08/19)
- 민수화의 명원한 불꽃, 김대중 (2009/08/18)
- 상수, 북과 서틀 빠르고 아름납게 이은... (2009/08/10)
- [상수 시티투어버스] 별러 가지 날자! (2009/08/10)
- 7곔 이벤트 댱첨자 발표 (2009/08/03)
- 심지~ 차고 못든 상수 (2009/07/31)
- sayGJ 블로그가 새단장 했습니다. (2009/07/13)

Go to Joy more

- 상부지구 안의 녹색 천국!! 이산상상♡ (2009/08/27)
- 누리 것은 좋은 것이여~ (2009/08/02)
- 여름맘, 수관 포수성원을 거널다 (2009/07/27)
- 무조리녹의 대가 이오네스코 원석 설민... (2009/07/22)
- 지금 당신의 곁에는 소중한 누군가가 있... (2009/07/17)
- 고르는 재미가 있다!! 제걸의 바다로 고... (2009/07/15)
- [지역 경제여기머니러워] 2009광주·전남... (2009/07/08)
- 광주세계光국스포 D-99 카운트다운! 님... (2009/07/03)

GJ Story more

- 사투리에 얽힌 일화들 (2009/09/04)
- 국가대표 3인의 광주이야기 (2009/09/01)
- 제가 신문에 나왔어요 ^^ (2009/08/22)
- [께마타이거즈의 재덤(再誕)] 오랑이!! ... (2009/08/11)
- 밤숨의 별놀이 光州를 빛내려 큰다!!200... (2009/07/23)
- 빛창에 따뜻한 선물이 배날되었습니다!! (2009/07/23)
- 시흥십에 좀 다녀 봤습니다. (2009/07/11)
- [허마광조] 내 마음속의 명침한 음연장 ... (2009/07/06)
- 니 하오~ 워 쓰 자오방 _ 조랑의 무산어... (2009/06/18)

GJ Library more

- 광주빛소리 4 (2009/09/01)
- 추억의 흑백사진 8. 58년 충효동 왕버들... (2009/08/28)
- 광주 빛소리3 (2009/08/13)
- 광주 빛소리2 (2009/07/30)
- 추억의 흑백사진 7. 추억의 성백일 (2009/07/29)
- 광주빛소리1 (2009/07/21)
- 추억의 흑백사진 6. 동계전반 (2009/07/01)
- 추억의 흑백사진 5. 47년 중상로의 기억 (2009/06/08)
- 추억의 흑백사진4. 아늑한 추억 속의 '... (2009/05/18)

우측 사이드바

광주문화정보 sayGJ.com

2009년 전체

남도미술의 흐름
광주시립미술관 ...
05.04 ~ 01.31

징크아트展
광주시립미술관 ...
07.07 ~ 10.25

농성동 부르스
광주시립미술관 상...
07.25 ~ 09.13

1 2 3 4 5

블로그/카페로 위젯 퍼가기

블로거에 연수마저 다음로데려가
SayGJ 블로거 가입하기

Archive

+ Select Archive +

TOTAL	552946
TODAY	799
YESTERDAY	1069

2009/09

일	월	화	수	목	금	토
		1	2	3	4	5
6	7	8	9	10	11	12
13	14	15	16	17	18	19
20	21	22	23	24	25	26
27	28	29	30			

맨위로
홈으로
RSS 구독하기
e-mail 구독하기
아래로

　이런 댓글을 받을 때면 빛창을 일구기 위해 노력해 왔던 어려움과 고충이 봄눈 녹듯이 녹아내린다. 이제 빛창에는 한 가지 욕심이 생겼다. 대한민국을 대표하는 정부기관 PR의 새로운 소통 모델이 되고 싶다는.

짝퉁 공무원의 생생한 PR 이야기

▌포털사이트, 뉴미디어 PR의 첨병

언론매체에 집중하는 전통적인 홍보에도 역부족인 지방자치단체의 역량으로 뉴미디어 홍보를 잘한다는 것은 결코 쉬운 일이 아니다. 최근에 케이블 TV, 포털사이트, 모바일, 블로그, 트위터 등 뉴미디어의 영향력이 날로 커지면서 뉴미디어팀을 신설하는 등 민첩하게 대응하는 정부기관들이 늘고 있지만, 아직까지도 홍보 하면 출입기자 관리업무로 생각하는 풍토가 지배적이다.

2008년 한국언론진흥재단의 언론수용자의식조사결과에 따르면 전통적인 4대 매체(신문·방송·라디오·잡지)에 비해 인터넷 포털사이트들의 영향력이 매우 커졌다. 영향력 있는 매체 1위와 2위에 KBS와 MBC 방송사가 조사되었고, 3위와 4위를 포털사이트 네이버(Naver)와 다음(Daum)이 차지했다. 항상 수위에 머물던 종이신문 조선일보는 5위로 밀려났다. 종이의 시대가 가고 있다는 증거다. 이는 홍보의 주요 매체인 미디어 패러다임의 확실한 변화를 보여 준 결과다.

모든 정보는 인터넷으로 모인다고 할 정도로 인터넷의 매체 파워는 날이 갈수록 커져 가고 있다. 단순히 온라인 공간에서만이 아니라 세상을 지배하는 또 하나의 힘으로 자리 잡은 지 오래다. 홍보의 패러다임이 바뀌고 있다는 것을 알면서도 기존의 기자관리 중심 홍보에서 뉴미디어 홍보로 전환하지 못하는 것은 그럴 만한 속사정이 있다. 특히 광역도시의 경우 출입기자들은 매체파워가 예전 같지 않게 약해지고 있지만 지역 내에서 여론을 주도하는 '빅 마우스'들이며 이들이 가진 지역 내의 여론파워가 아직도 강력하게 작용하기 때문이다.

변화는 급격히 오기도 하지만, 또 천천히 오기도 한다. 2008년 광주는 광역도시로는 처음으로 포털사이트사와 협약을 체결하고 인터넷 포탈 마케팅을 본격적으로 시작했다. 브랜드스페셜을 통해 '광주광역시청'이라는 검색어를 치면 광주를 대표하는 이미지들이 상시검색되도록 체계화했고, 메인화면의 배너광고 창을 통해 대형이슈와 이벤트에 대한 인터넷 홍보활동을 강화했다. 당시 수억을 쾌척하여 포털사이트 홍보에 활용하겠다는 결정은 쉬운 일이 아니었다. 인구 1천만의 서울특별시라면 또 모를까 홍보에 가용되는 광역자치단체의 예산 사정은 대동소이하다.

본격적으로 도시를 알리는 일, '내용' 못지않게 '매체'도 중요하다. 광주라는 도시에 색을 입히고, 창조적인 빛의 도시 광주를 보다 세련된 매체, 맛깔나는 매체, 폼 나는 매체로 옮기기 시작했다.

포털사이트 홍보는 2008년 예산을 세워 2009년 1년 반 동안 꾸준히 시행해 왔다. 결과는 비교적 만족스러웠다. 홍보협약이란 방법을 통해 상당한 서비스 광고료를 얻어 내는 성과를 얻었다. 비교적 짧은 기간이지만, 포털사이트 홍보에서 얻은 노하우는 여러 가지다.

첫째, 가장 효과적인 포탈 홍보방법은 메인화면 노출을 늘리는 것이다. 포탈은 말 그대로 관문이기 때문에 첫 화면이야말로 관문 중의 관문이다. 메인화면의 노출방법은 권역을 지정하여 활용이 가능한데, 전국권역과 호남, 영남권역 등 원하는 지역별 지정 노출이 가능하다. 광고를 하는 자치단체의 입장에서는 도시 전반의 이미지 개선이나 전국적인 이슈에 대해서는 전국노출을, 정책에 대한 정보제공 등 시정홍보는 해당 지역 권역을 지정하여 노출하는 것이 좋다. 특정 지역 지정노출방식은 전국노출에 비해 광고비용도 저렴하다. 다음 커뮤니케이션의 경우 이 상품 명칭은 타운즈인데, 한 권역만 지정하여 노출시켜 주고 있다. 네이버는 광주·전남, 부산·경남 같은 복수선택이 가능하다.

둘째, 브랜드 검색은 반드시 활용하는 것이 좋다. 포탈 이용자들은 검색기능을 이용하여 자신이 찾고자 하는 내용에 접근한다. 예를 들어 광주에 관한 정보를 찾으려고 마음을 먹으면 '광주광역시' '광주광역시청' 등 키워드를 통해 접근하는데, 자주 쓰는 키워드를 넣고 검색하면 기본적으로 제공되는 포탈의 정보제공 서비스와 차별화된 우리 조직만의 특색 있는 홍보를 할 수 있기 때문이다. 다음커뮤니케이션은 '브랜드스페셜'이라는 상품명으로, 네이버는 '브랜드검색'이란 상품명으로 판매되고 있다.

셋째, 메인이 아닌 서브페이지의 광고는 특정 타깃을 필요로 한 홍보가 아니라면 크게 효과를 보기 어렵다. 여성, 어린이, 노인 등 특별한 대상에게 접근할 일이 비교적 적은 자치단체 홍보의 특성상 서브페이지 이용보다는 해당 권역을 대상으로 메인화면에 노출해 주는 상품을 활용하는 것이 좋다. 다음(Daum)의 경우는 타운즈, 네이버(Naver)의 경우는 AD캐스트 지역 할당 광고라는 상품으로 판매된다.

넷째, 모든 자치단체가 다 하는 광고는 지양하는 것이 좋다. 예컨대, 자치단체들이 포탈홍보에 관심을 갖기 시작하면서 포탈회사들이 자치단체 시장을 타깃으로 포털사이트 내에 '인사이드 경기도'와 같은 이름의 특별 페이지를 제작하여 판매하고 있다. 모든 지자체가 다 하는 방법은 '독특성'에서 떨어지기 때문에 큰 반향을 얻기 어렵다.

마지막으로 포탈은 강력한 흡입력과 네티즌 확산력을 가진 매체다. 국민(시민)참여를 유도하는 이벤트 매체로 훌륭하다. 아이템에 따라서 설문조사, 출사미션, 블로그 활성화 이벤트 등 포탈의 이벤트 창을 활용한다면 임팩트를 얻을 수 있다.

만일 특정 포탈회사와 협약을 통해 홍보하려 한다면 몇 가지 보너스를 얻는 것도 잊지 말아야 한다. 협상력에 따라 보너스는 달라질 수 있다. 협약식 자체를 이벤트화하는 것도 좋은 홍보의 일환이 될 수 있다.

▌블로그에서 트위터까지, 뉴미디어의 압박

블로그(Blog), 1997년 미국에서 처음 등장한 웹(Web)과 로그(log)의 합성어다. 모든 방문자가 볼 수 있는 인터넷상의 공개된 일기장과 같은 개념으로 특정주제나 관심사에 대한 각종 정보와 개인적인 생각을 기록하여 공개함으로써 방문자와 자유롭게 소통하고 교감하는 웹 사이트를 일컫는다. 개인의 취미나 일상생활에서부터 시사, 스포츠, 연예, 문화 등 다루는 콘텐츠는 모든 분야를 망라한다. 최근 방송이나 신문과 같은 기존의 대형미디어에 못지않은 힘을 발휘하면서 사회적 여론을 형성하기 때문에 '1인 미디어'라고도 불리며 급성장을 거듭해 전 세계적으로는 7,000만 개, 국내에도 1,200만 개의 블로그가 운영되고 있다.

블로그의 사회적 영향력이 커지면서 정책홍보 업계에서도 뉴미디어 홍보의 탈출구로 너나 할 것 없이 블로그를 시도하고 있다. 하지만 블로그는 그리 만만한 매체가 아니다. 어지간해서는 성과를 내기도 어렵다. 지난 2년간 블로그를 운영하면서 쌍방향적인 소통에 익숙하지 않은 공무원들에게 블로그 PR을 강력 추천한다는 것이 실로 저어된다. 웹 1.0세대의 마인드로 위계적인 조직생활, 일방향적인 소통구조에 익숙한 공무원들이 웹 2.0세대의 블로그를 만나게 되면 일단은 당황하게 된다.

2010년 1월 14일 프레스센터에서는 참으로 의미 있는 행사가 열렸다. 그동안 블로그 전문 메타사이트들이 블로그 활성화 차원에서 자체적으로 우수 블로거를 선정하던 블로그 대상에서 플랫폼을 초월하여 모든 블로거들을 한자리에 모으는 블로그 축제의 장이 마련되었기 때문이다. 이름하여 2009 대한민국 블로그 어워드, 블로그 기업들의 협의체인 '블로그산업협회'와 '한국언론진흥재단'이 공동으로 주최하여, 2천5백만 블로그 사이트 중 탑 100블로그를 선정하고, 분야별 우수 블로그를 시상하는 뜻깊은 행사였다.

이날은 2008년 9월 '빛이 드는 창, 이야기가 흐른다'라는 이름으로 개설한 광주광역시의 블로그에 가장 감격적이고 의미 있는 날이었다. 정부부처와 지자체 등 공공분야에서 운영하고 있는 블로그 중에서 3위를 기록했기 때문이다. 그동안 투입인력과 비용을 감안한다면 눈물 나는 노력의 결과였다. 공무원들이 운영하는 블로그이면서도 전혀 공무원 티를 내지 않는 블로그로 '빛창'이 주목을 받은 것은 개설 4개월 만인 2009년 초였다. 2009 올블로그 대상에서 '팀블로그', '생활 분야', '문화예술 분야', '블로그스피어 공로상' 등 4개 분야에서 수상을 하면서, 블로그 스피어에서 주목받는 블로그로 등극했다.

시간이 날 때마다 새벽까지 마다하지 않고 댓글에 답하고, 주말이면 직원들이 포스팅 감을 찾아 카메라를 들고 사냥을 다녔던 열정이 인정을 받은 첫 결과였다.

블로그 스피어의 독설가로 유명한 「독설닷컴」의 고재열 기자는 "*지방자치단체 블로그 중 가장 앞선 곳은 광주광역시다. 빛이 드는*

짝퉁 공무원의 생생한 PR 이야기

창, 이야기가 흐른다는 「올블로그 어워드 2008」에서 4개 부문 수상자로 선정되었다. 다른 정부부처 블로그가 일반 블로거들에게 불청객 취급을 당하는 것을 감안할 때 상당히 이례적인 결과다."라고 평가했다.

많은 이웃 블로거들이 빛창에 보인 반응 중 인상적인 것은 "공무원이 운영하는 블로그라는 사실을 알고 깜짝 놀랐다."는 것이다. 요즘 빛창은 새로운 블로그 PR을 시도하고자 하는 많은 자치단체로부터 벤치마킹을 당하는 행복한 블로그가 되었다. 광역자치단체는 물론이고 기초자치단체들까지 끊이지 않고 손님들이 방문했다. 지금 빛창은 블로그를 넘어서 트위터를 시도하고 있다. 트위터가 빛창 블로그의 훌륭한 홍보수단이 될 수 있다는 판단에서다.

140자로 축약하여 정보를 전달하는 마이크로 블로그인 트위터는 내가 쓴 글을 받아 보는 사람을 의미하는 팔로우어(follower)를 통해 1차 전달된 내용이 2차, 3차, 4차 등 무한한 다단계 정보유통구조를 통해 기하급수적으로 정보를 확산한다. 특히 데스크탑 컴퓨터를 비롯하여 휴대가 가능한 노트북, 아이폰에 이르기까지 모든 디바이스를 통해 컨버전스(융합)가 이루어지는 실시간 정보 매체로 주목받고 있다. 매체의 영향력 측면에서도 전통적인 신문이나 방송에 비해 뉴미디어의 영향력이 가속 페달을 밟고 추월하는 상황에서 새로운 홍보 대안으로 뉴미디어에 대해 홍보담당자들이 관심을 갖는 것은 당연함을 넘어서 필수가 되고 있다.

'미디어가 메시지'라고 역설했던 맥루한의 말처럼, 미디어는 모든 인간의 생활양식에 변화를 촉발하는 그 자체가 우리 사회에 던지는 메시지이다. '상호호혜적인 쌍방향성'의 구현이라고 하는 뉴미디어의 공통적인 특성을 이해한다면 그것이 블로그이건 트위터이건 페이스북이건 기능을 익히는 것만이 필요할 뿐이다.

진화하는 미디어를 이해하고, 이를 적극적으로 현장에 반영하는 일은 기업만이 아니라 공공기관의 홍보에서도 예외가 아닌 세상이 되었다.

지방자치단체에 뉴미디어 홍보에 대한 압박이 고조되면서, 블로그를 시도하겠다며 문의하거나 찾아오는 지방자치단체의 홍보담당자들은 늘고 있다. 그럴 때마다, 공무원이 블로그를 운영하는 데 따를 수 있는 한계를 이렇게 요약해 주고는 한다.

첫째, 우리 조직이 '블로그적으로 소통할 수 있을까'를 먼저 진단해 보라. 블로그는 IT라는 하드웨어와 커뮤니케이션에 기초한 소프트웨어적 운영이 찰떡궁합을 이루었을 때 성공할 수 있는 매체라는 것을 그간 뼈저리게 느껴 왔기 때문이다. 광주광역시가 블로그 PR 분야에서 비교적 성공적인 안착을 했다고 평가받고 있지만, 정작 광주시청의 공무원들은 이것이 무슨 의미를 갖는지에 대해서 모르는 이가 더 많다. 참 애석한 일이다.

둘째, 블로그를 시도한다면, 공공조직의 태생적 한계를 극복할 복안을 만들어야 한다. 공무원 조직은 빠르게는 1년 혹은 2년 안에 보직이 바뀌는 순환보직제로 운영된다. 물론 최근에는 전문직 공무원들이 채용되어 그 자리에 있기도 하지만, 기본적으로는 담당자가 언제든 바뀔 수 있다는 이야기다. 그래서 지속 가능하고 안정적인 블로그 운영체계를 만들어 내는 것이 필수적이다.

셋째, 공공기관은 위계조직이다. 태생이 그렇다. 상사가 블로그에 대한 충분한 마인드를 가지고 지원이 가능하든지, 블로그 PR의 유용성을 충분하게 납득이 되도록 설득할 수 있든지 둘 중 하나의 상황이 되어야 블로그는 가능하다. 공조직에서 어떤 사업을 벌인다는 것은 인력과 예산이 소요되는 일이고, 여러 단계의 결재를 얻어야 하는 것을 의미한다. 상사의 충분한 지지와 호응이 없다면 그렇지 않아도 쉽지 않은 운영인데, 더더욱 팍팍해지는 것이 블로그 PR이다.

마지막으로, 열정과 인내, 그리고 성실성이 없다면 시작도 하지 말아야 한다. 2009대한민국블로그대상에서 IT분야 우수상을 수상한 「와이프 몰래 오븐을 지르다」를 운영하고 있는 브루스(Bruce)님의 수상 소감은 매우 인상적이었다. 블로그를 시작하려는 사람들이 한 번쯤 새겨봐야 할 대목이다.

"아내에게 수상했다고 말을 했더니, 애 셋 딸린 아빠가 가정을 멀리하고 글을 쓰는데 그렇게도 못 하면 어떻게 하느냐면서 오히려 핀잔을 들었습니다."

이런 모든 것이 준비가 되었다면, 블로그에 빠져 보는 것도 좋은 일이다.

▌관공서 이미지를 깬 대형 랩핑 광고

PR은 늘 새로운 방법의 소통을 고민해야 한다. 새로운 매체, 주목도가 높은 매체를 활용하여 인지효과를 높이는 것은 기본 중에서도 기본이다. 공조직의 경우 홍보에 대한 몇 가지 고정된 시선이 있다. '홍보는 포장하는 것', '홍보는 눈에 보이는 것', '직접적인 효과가 나와야 한다.' 등등.

사실 이런 시선이 공조직에만 있는 것은 아니다. 이런 홍보에 대한 부정적 인식을 갖고 있는 사람들과 만날 때면, 21세기 최첨단 미디어 시대에 1800년대 언론대행 홍보가 재연되는 것 같아 속이 상한다. 초창기 대표적인 언론대행 홍보사례로 언급되는 바넘이 기획한 조이스 헤스(Joice Heth)의 부활을 보는 것 같다. 1835년 쭈그러지고 절름발이인 조이스 헤스를 서커스에 출연시키고, 신문을 통해 현재 그녀의 나이는 160세이고 100년 전 워싱턴 대통령의 간호사였다는 이야기를 언론을 통해 보도하면서 서커스 공연의 흥행을 몰고 왔다. 이때 서커스사의 사장이었던 바넘은 "매 순간 눈속임을 당하는 사람은 있다."는 말을 남겼다. 이때를 미국 근대 PR의 역사에서 바넘의 시대, 혹은 PR이 대중을 우롱한 시대로 부른다. 이러한 역사적 근원 탓인지 아직까지도 홍보에 대한 대중의 인식 밑바탕에는

‘과장과 선전을 통해 사실이 아닌 것도 사실로 믿게 만드는 여론의 마법사’ 정도로 생각하는 경향이 있다.

나는 이러한 시선에 맞서 주장한다. 홍보는 ‘공중과의 소통’이라고. 지방자치단체에서는 조직 내부의 고정된 시선과의 싸움에서 먼저 승리해야 PR에 성공할 수 있다. 그동안 없었던 새로운 방식을 시도할 때면 그만큼 내부적인 저항이 크기 때문에 부담감 또한 만만치 않다. 그러나 과감한 시도와 시민들의 긍정적인 피드백을 얻을 수 있다는 확신만 있다면, 그 뒷배를 믿고 과감하게 밀어붙여 승부를 보는 것도 좋다. 광주광역시에서 그동안 한 번도 시도된 적이 없었던 청사 건물을 이용한 대형 래핑으로 조직 내외의 관심을 촉발했던 홍보사례를 소개한다.

2013하계유니버시아드 대회를 광주에 유치하기 위해 시민들의 참여열기를 이끌어 낼 때의 일이다. 광주광역시 청사는 광주 역사의 한 페이지인 5·18을 상징하는 5층의 의회동과 18층의 행정동, 그리고 배가 앞으로 항해하는 모습을 형상화한 공모 설계 작품이다. 행정동 입구 청사 앞에는 높이 21.9m, 가로 하단 12.6m의 순백색의 대형 삼각 벽면이 있다. 별 관심을 끌지 못하던 삼각 벽면을 이용하여 유니버시아드 대회의 역동적인 경기 모습을 형상화한 랩핑 홍보를 시도했다. 그것도 청색이나 블랙계열의 차분한 색감을 선호하는 관공서의 분위기를 한순간에 뒤흔들 강렬한 붉은 색채를 사용하여 “2013하계유니버시아드 대회는 광주에서”라는 카피와 함께 제작했다.

2008년 3월 어느 날 주말을 보내고 나온 광주시청의 직원들은 순백색 삼각 벽면의 놀라운 변신 앞에서 모두들 화들짝 놀랐다. 그리고 이 삼각 벽면을 활용한 랩핑 홍보에 대한 반응은 의외로 뜨거웠다. 당시 유니버시아드대회 유치는 광주의 가장 뜨거운 이슈였고, 그만큼 지방언론들의 취재열기도 뜨거웠다. 특히 그림을 필요로 하는 사진과 방송기자들에게는 좋은 포토 포인트로 활용이 되었고, 광주지역에서 발행되는 각종 신문과 방송사의 단골 배경으로 등장했기 때문이다.

　　대형 통천을 활용한 벽면 부착홍보방식은 사실 많이 식상해진 지 오래였다. 좀 더 신선한 발상이 없을까 궁리하던 끝에 마침 LG화학에서 랩핑 신소재가 개발되었다는 정보와 함께 무료 시공을 해 주겠다는 좋은 제안을 받았다. 가장 좋은 위치는 그저 흰색의 벽면에 불과했던 시청사 입구의 대형 삼각 벽면이었다. 2013하계유니버시아드

짝퉁 공무원의 생생한 PR 이야기

대회 유치를 준비하면서 범시민적인 공감대를 형성하기 위한 기획이 필요했고, 아이디어는 적중했다. 당시 유니버시아드 유치는 광주시와 시민들에게 너무도 절박한 과제였기 때문에 큰 저항이 없이 그 아이디어는 현실이 될 수 있었다. 한 홍보 실무담당자의 기안에서 최종 결재권자인 시장까지의 결재라인을 생각보다 빨리 뚫고 말이다.

그저 흰색의 벽으로만 머물렀던 삼각벽면은 대형 이슈가 있을 때면 옷을 갈아입는 광주시청의 명물 홍보 보드 역할을 톡톡히 하고 있다. '벽'이 '소통창구'로 변신한 것이다.

▌정책은 '명품정책'으로 맞장을 떠라

공공분야에서 상품은 정책이다. 일종의 서비스 상품인 셈이다. 정책을 널리 알리고 참여를 이끄는 것이 정책홍보의 전부인가. 지난 2009년 연말, 광주에서 정책홍보에 대한 새로운 생각을 하게 된 하나의 계기를 만났다. 지난해 광주는 2015년 하계유니버시아드 대회를 유치했다. 지난 2년간 유치를 위한 홍보활동을 열심히 해 왔고, 2010년부터는 본격적인 대회준비에 들어가게 된다. 성공적인 대회 개최의 핵심적인 사안은 영어 사용이 가능한 2만 명가량의 자원봉사 인력을 조기에 확보해야 한다는 판단 아래 유니버시아드 영어스쿨사업을 시작했다.

시와 교육청, 6개 지역대학, 영어방송 등 9개의 교육기관이 합심하여 기획한 거버넌스형의 지역교육사업모델인데, 우리는 영어스쿨을 통해서 유니버시아드 대회를 통하지 않고도 유니버시아드대회를 홍보하는 예상외의 큰 효과를 거두었다. 2009년 겨울방학을 계기로 시범스쿨을 운영하였는데, 192명 모집에 5백 명 이상의 지원자가 몰렸고, 5년 연속 수능 성적 1위의 광주 명성답게 학부모들 사이에서 뜨거운 관심의 불이 지펴졌다.

지역의 신문과 방송에서는 연일 유니버시아드 영어스쿨에 대한 보도가 이어졌다. 일부러 홍보하기 위해서 미디어를 부르지 않아도 시민들의 관심을 끄는 정책입안 하나로 단순 보도기사를 넘어 시범학교 참가학생들에 대한 인터뷰, 사업담당자에 대한 인물 포커스 등 기획성 기사까지 알아서 뉴스 아이템이 되었다.

정책홍보는 이미 만들어진 정책이 무엇인지, 그 효과가 어떻게 나타나는지를 알리는 사후 홍보가 아니라, 정책을 통한 홍보여야 진정한 의미가 있다는 생각이 들었다.

홍보는 다양한 공중과의 우호적 관계를 형성하는 것이 목표인데, 홍보의 핵심은 스테이크홀더, 즉 이해관계당사자(key public)의 니즈를 파악하고, 이들의 문제를 해결하는 데 있다.

광주 학부모들의 갈증을 풀어 준 것이다. 이해관계자들에게 돌아갈 분명한 혜택이 무엇인지를 손에 쥐어 준 것이다.

그러다 보니, 그 정책 자체가 주목받는 아이템이 되고, 일부로 퍼블리시티를 만들지 않아도 자연스런 언론홍보로 이어졌다.

문제 해결의 열쇠는 정책 안에 있었다. 정책 밖에서보다는 정책 안에서 홍보의 열쇠를 열어 가려는 노력이 필요하다. 단순히 사실을 알리는 일, 광고를 멋들어지게 만드는 일, 발행하는 저널의 질을 높이는 일보다 더욱 중요한 것은 '정책' 그 자체를 명품으로 만드는 일이다. 이 대목에서 광고의 고전이 생각난다. 가장 훌륭한 광고는 상품 그 자체라고 하는……(대학 1학년 광고학 시간에 배운 이야기지만, 아무리 생각해 보아도 명언이다.).

2009년 연말, 광주를 뜨겁게 달구었던 아이템. 유니버시아드 영어스쿨의 성공적인 입안과정을 보면서 정책홍보의 본질을 어렴풋이나마 유추해 본다. 2010년부터 본격화 되고 있는 이 시책사업은 사전

단계에서 공중들과의 충분한 소통과 교감을 통해 훌륭한 정책 아이템이자, 홍보 아이템이 될 것이다. 홍보는 단순히 알리는 것, 그 이상임을 늘 명심해야 한다.

짝퉁 공무원의 생생한 PR 이야기

❚ '가위질'은 그만합시다

PR을 잘하려면 여론을 파악하는 것부터 시작해야 한다. 기업이나, 공공기관의 홍보실에서 제일의 기본업무를 꼽으라면, 단연 언론스크랩이다. 사실 지금도 많은 기관의 홍보실이나 공보관실에서 새벽밥 먹고 출근한 직원들이 원시적인 방법으로 지면 신문을 훑어보고 관련 기사를 스크랩한다. 업계 전문용어로 '가위질'이다.

국무조정실에 첫 발령을 받은 날 당시 부단장이 세 가지 미션을 주었다. 일종의 업무지시였다. 이미 갈등관리 PR의 경험을 가진 분이었다. 첫째는 체계적인 언론의 모니터, 둘째는 홍보컨설팅으로 체계적 계획수립, 셋째는, 전문가 기고를 활용하여 우호적인 여론조성을 해 보자는 것이었다. 둘째와 세 번째 미션은 차치하고, 첫 미션은 아이서퍼나 스크랩마스터와 같은 디지털방식으로 키워드를 이용하여 간편하게 언론모니터 보고서를 만들 수 있는 방법을 알고 있었던 터라, 업무 지시를 받은 다음 날 아침 곧바로 스크랩 보고서의 결재를 받았다.

감동하는 눈치였다. 이렇게 신속하게 제법 모양을 갖춘 보고서로 언론동향을 보고할 것이라고는 기대를 하지 않았었다고 했다. 첫 직장에서 상사에게 디지털 모니터 덕분에 나름 점수를 딴 순간이었다.

그런데 광주광역시에 출근한 지 얼마 되지 않아 이상한 광경을 목격했다. 거의 새벽 시간대에 직원들이 출근하여 가장 먼저 하는 일이 신문의 스크랩을 위해 가위질을 하고 있었다. 오 마이 갓. 지금이 어떤 세상인데 아직도 시간을 죽이면서 가위질을 하나 싶었다. 모든 것이 디지털화되어 업무 효율성을 높이고 있는 차에 새벽출근으로 직원들의 진을 빼는 일을 하다니. 국무조정실에서 활용했던 디지털 모니터방식을 소개했다. 직원들의 반응은 공무원의 3D업무 중 하나를 해결해 주었다는 고마움이었다. 그 이후 디지털 스크랩보고서는 정례화되어 매일 아침 일정한 시간에 웹하드를 통해 상호 공유되고 있다.

요즘 같은 온라인 시대에 '가위질'은 인력낭비, 시간낭비다. 그래도 해야 할 필요성이 있다면 할 수 없지만, 스크랩의 목적이 여론의 동향을 파악하여 조직에 대한 민감한 쟁점을 관리하는 데 있다면, 온라인 실시간 서비스를 활용하는 지혜를 발휘할 것을 제안한다.

첫째, 온라인 언론스크랩 서비스를 활용하라. 요즘에는 단순히 검색시스템만 제공하는 것이 아니라 관련기사를 검색하여 보고서 작성까지 해 주는 대행서비스도 있다. 우리나라에서 신문에 대한 저작권 협약을 한국언론진흥재단과 체결하여 실시간 기사검색 및 PDF 스크랩 서비스까지 제공하는 기업이 있다. 비플라이소프트사의 아이서퍼와 스크랩마스터가 양대 산맥이다. 최근 비플라이소프트가 영업을 강화하면서 정부기관, 자치단체 등에서 아이서퍼 이용이 늘고 있다. http://www.eyesurfer.com이나 http://www.scrapmaster.co.kr을 활용하면 키워드 방식을 이용하여 조직에 필요한 기사들을 단시간에 스크랩할 수 있다.

더욱이 좋은 것은 보기 좋은 보고서 모양까지 서비스받을 수 있다는 점이다. 요금은 1매체당 1개월에 20,000원 수준이다.

돈을 투자한 만큼 품질 좋은 서비스를 만날 수 있다는 것은 상식이다. 하지만, 무료로 이용할 수 있는 방법도 얼마든지 있다. 둘째, 투자할 예산 여력이 없다면, 무료로 이용할 수 있는 한국언론진흥재단의 카인즈를 활용하는 것도 하나의 방법이다(http://www.mediagaon.or.kr). 셋째, 실시간으로 여론의 흐름을 파악하는 데 빠져서는 안 되는 두 곳이 있다. 연합뉴스(http://www.yonhapnews.co.kr/)와 뉴시스(http://www.newsis.com/)다. 연합뉴스과 뉴시스의 기사는 다른 모든 매체에 판매되기 때문에, 언론사를 위한 한발 빠른 뉴스를 제공한다.

그런 점에서 PR을 하는 사람들에게는 늘 띄워 놓고 봐야 하는 필수 사이트다. 요즘에는 알림 위젯을 통해 실시간으로 서비스를 해주니 이런 방법도 활용하면 정보선점에서 뒤떨어지지 않을 것이다.

▎내부소통의 해결사, 인트라넷을 활용하라

진정한 홍보의 힘은 내부에서 나온다. 내부와의 소통을 위해서는 내부 직원들 간의 전용 소통창구인 인트라넷만큼 유용한 것이 없다.

나의 경우 「짝퉁 공무원의 생생한 PR이야기」를 책으로 묶게 된 단초도 인트라넷 활용 홍보에서 출발했다. 당시에는 내 이니셜을 따서 'MK의 PR이야기'라는 칼럼을 쓰기 시작했다. 광주광역시에 첫 발령을 받고 한 달쯤 지나서였다. 당시 칼럼을 직원들과 공유해야겠다는 데는 두 가지 필요성이 있었다. 첫째는 나의 존재를 알릴 필요가 있었고, 둘째는 홍보에 대한 내부 직원들의 생각을 'PR'적 사고로 바꾸고 싶은 욕심이었다. 신고식이자, 내부직원들과의 커뮤니케이션이 목표였다. 두 마리 토끼를 잡기 위해 내부 조직에서만 사용하는 인트라넷인 '행정포탈'을 이용했다. 첫 이야기는 홍보와 PR의 차이에 대한 단상으로 시작했다. 일방적인 홍보의 시대를 지나 쌍방향의 PR 시대로 들어가자는 제안이었다.

사실은 조직 내부 직원들에게 말 걸기를 시도한 것이었다. 그것도 매우 도발적인 방법으로. 나중에 안 일이지만 시 전체 직원에게 한 명도 빠트리지 않고 전체 메일 쓰기로 보낸 사람은 내가 처음이라고 했다. 그런 것이 이례적인 조직문화였다. 모르는 게 약이었다. 그런 조직문화를 알았다면 시도도 못 했을 일이다.

하지만, 반응은 의외로 빠르게 왔다. 사실 큰 기대를 하지 않았었다. 무덤덤하기로 소문난 사람들이 공무원이고, 몇 차례의 공무원 대상 특강을 하면서 아무리 열강을 해도 댓글이 없는 조직임을 익히 경험한 탓이었다. 이런 문화 때문에 당돌한 편지라고 생각하는 사람도 있었을 것이다. 첫 번째 발송 때 서너 명이 답글을 보내던 것이 2회, 3회 지나면서 답글이 늘어났다. 자신의 생각을 첨언하여 보내주신 분도 있었다. 오프라인에서 만난 분들은 나를 만나면 그 칼럼 이야기로 말 걸기를 했다. 일단은 성공이었다. 내가 건 말에 대꾸해 줄 내부의 친구가 필요했던 것이다. 그러면서 자연스럽게 연결을 만들어 가는 과정 말이다.

광주시에서 칼럼을 시작한 것은 이미 남구청에서 시도해 보았던 '효사랑 꽃피우기'라는 편지 홍보의 효과를 톡톡히 본 덕분이었다. 효사랑과는 지난 2005년 효와 사랑이라고 하는 추상적인 개념을 자치구의 정책에 접목시키겠다는 깜찍한 발상에 흘려 인연을 맺었다. 효사랑은 너무나 추상적이어서 그 개념을 땅바닥으로 끌어내리지 않고는 이해하기 힘든 개념이었다. 구정을 추진해야 할 공무원들부터가 헷갈리고 있었다. 도대체 뭘 하자는 것인지 이해를 못 하겠다고 했다. 공통의 인식부재라는 상황을 해결하기 위해서 '효사랑 꽃피우기'라는 편지 쓰기를 제안했다. 행정포탈을 이용하여 내부직원들과 효사랑에 대한 인식을 공유하기 위한 처방이었다.

처음에는 효사랑은 하늘 높이 있는 추상적인 개념이 아니라 우리의 생활 속에 있는 지상의 언저리에 지천으로 널린 것임을 소소한 편지글을 통해 인식시키는 것이 목표였다. 직원들로부터 효와 사랑에 대한 생각들을 모아 글을 모으기 시작했고, 남구청 아무개님의 사연이라는 이름으로 수백 회를 넘기면서 효사랑 꽃피우기는 이어졌다. 결과는 매우 만족스러웠다. 효사랑은 점점 공무원들의 인식뿐 아니라 자원 없는 광주 남구의 브랜드로 이름을 날려 산업자원부가 매년 선정하는 대한민국대표브랜드에 선정되는 결과를 얻어 냈다.

여기에 효사랑꽃피우기 편지글 사례 하나를 소개한다.

어느 형제 이야기

81세 형과 12년 차 동생이 한마을에 살고 있다. 평소 같은 나이에 비해 젊고 건강했던 형님이 2년 전 갑작스레 쓰러졌다. 뇌혈관이 막혔다. 급하게 수술을 했고, 경과는 좋았다. 모두들 제대로 걸을 수 있을까 걱정했다. 놀랍게도 거동을 할 수 있을 만큼 완쾌되었다. 8남매의 맏형인 형님은 모든 가족들의 축하 속에서 팔순잔치도 했다.

그러던 어느 날 다시 쓰러졌다. 그 후로 형님은 눈도 멀고, 치매증상도 보이며, 거동도 할 수 없는 무기력한 상태가 되었다. 1년여를 병원에서 보내던 형님이 자신의 집으로 돌아왔다.

형님과의 우애가 각별한 이 동생은 하루 세 번 꼭 형님 집을 방문한다. 식사시간에 맞춰 형님을 의자에 앉혀 드리고 또 자리로 옮겨 주는 일을 한다. 특별히 할 일이 없을 때면 형님이 알아보는 것도 아니지만 형님 댁에서 보낸다. 행여 무슨 일이 있어 형님에게 가지 못할 때는 마음이 불안하다는 동생 동생을 알아보지도 못하고, 오락가락 제정신이 아닌, 이제는 마를 대로 말라 뼈만 앙상한 형님을 안을 때면 세월이 원망스럽다.

평소 찐빵을 좋아하셨던 형님, 하루는 아들이 찐빵을 사 왔다. 형님은 동생이 생각났나 보다. 오락가락한 정신에도 동생이 찐빵을 좋아한다면서 아들에게 동생 갖다 주라고 했다는 말을 들었다. 코끝이 찡해졌다.
함께 늙어 가는 처지의 아버지와 큰아버지의 이야기다. 이분들의 돈독한 우애를 지켜보면서 우리 4남매는 어떻게 살아가고 있나 되돌아 봐진다.

* 이 글은 광주광역시 광산구 월계동에서 민희 아빠가 보내 주셨습니다.
* 효사랑 꽃피우기에 사연을 보내실 분은 fampia@paran.com으로 보내 주세요.

지방자치단체 PR의 아킬레스건, 선거법

트로이라는 영화를 보면서 브래드 피트의 멋진 아킬레스 연기가 생생하게 떠오른다. 허를 찌른 공격 앞에서 힘없이 무너지던 브래드 피트의 열연이 인상적이었다. 그때 발목에 맞은 화살 때문에 무력하게 무너졌고, 그 이후부터 치명적인 것을 의미할때 아킬레스건이란 이름이 붙여졌다. 지방자치단체의 **PR**실무자들의 발목을 잡을 수 있는 아킬레스건이 있다. 바로 공직선거법이다.

정부부처와 달리 지방자치단체는 **PR**활동 하나하나가 선거법에서 자유롭지 못하다. 광주광역시에 와서 얼마 되지 않아 수상을 한 적이 있었다. 시청사 외벽을 비롯하여 시내 곳곳에 홍보를 위한 플래카드를 걸었다. 하루쯤 지났을까. 선관위로부터 전화가 왔다. 업무담장 팀장이 누구냐는 것이며, 경위조사를 위해서 출석을 요구했다.

개인적으로는 준사법기관에 불려 가 조사를 받는 것이 처음인지라 무척 당혹스런 사건이었다. 다녀오니 기분 또한 불쾌하기 짝이 없었다. 시보 발간을 수년째 해 오신 한선배 말씀이 "한 번 간 일 가지고 뭘 그러나, 홍보 담당자라면은 수차례는 불려 다닐 것이다."라고 하는 말을 듣고, "선거법을 제대로 알고 대응하지 못한다면 참으로 낭패구나." 하는 생각을 다지게 되었다. 지금도 그때를 생각하면은 아찔하다. 홍보사업을 기획할 때마다 선거법을 먼저 검토하고, 선관위에 질의하고, 중앙선관위의 판례를 참고하는 것이 기본이 되었다.

홍보전문가라면 유념했어야 할 일이지만, 중앙부처에서의 경험은 선거법을 의식하지 못했던 최대의 실수였다. 사실대로 자초지종을 이야기하면서 선처를 부탁했다. 정상이 참작되어 일은 더 이상 확대되지 않고 마무리되었지만, 지방자치단체 홍보에서 가장 유념하고 유념해야 할 것이 바로 선거법임을 뇌리에 새기는 기회가 되었다.

선출직 장이 있는 공공기관의 홍보전문가라면 공직선거법 제86조를 반드시 유념해야 한다. 공직선거법 제7장 제86조는 공무원 등의 선거에 영향을 미치는 행위금지사항을 규정하고 있다. 선거일 180일 전부터는 분기별 1종1회 제한 발행 가능한 홍보물의 발행, 배부, 방송하는 행위가 제한되고, 근무시간 중 공공기관이 주최하는 행사 외의 행사 참석행위와 주민자치센터가 개최하는 교양강좌에 참석하는 행위가 금지된다. 60일 전에는 더욱 많은 행위의 제한을 받게 되는데 교양강좌, 사업설명회, 공청회 등 각종 행사의 개최와 후원행위 등이 제한을 받는다.

2010년 1월 25일 공포한 개정법에는 투자유치와 관광에 대해서는 허용했던 자치단체장의 광고출연을 명목 여하를 불문하고 방송, 신문, 잡지 그 밖의 광고에 출연할 수 없도록 전면 금지했다. 수도권의 관문에 즐비하게 등장하는 자치단체장 출연 광고를 보기 어렵게 된 것이다. 단체장 직무상 행위 관련 금품 제공 시에는 지자체명의 제공만을 허용하고 단체장의 직과 성명을 밝히거나 추정할 수 있는 방법으로 제공하는 행위 또한 상시 금지했다. 반면 국가, 지자체가 긴급현안 해결을 위해 자체 사업계획과 예산으로 해당기관 명의의 금품을 제공하는 행위는 허용했다.

홍보담당자의 입장이라면 안 된다는 금지 조항보다는 허용되는 것이 무엇인지가 더 유용한 자료가 될 것이다. 180일 전부터 분기별 1종1회 홍보물이 제한되지만, 법령에 의해서 발행, 배포 또는 방송하도록 규정된 홍보물은 가능하다. 또한 특정사업을 추진하기 위해서 이해관계자나 관계주민의 동의를 얻기 위한 행위도 가능하며, 집단민원이나 긴급한 민원이 발생하였을 때 이를 해결하기 위한 행위로서 홍보물 발행은 가능하다. 직원교육과 백서, 연감, 민원안내서 또는 반상회보 등 일상적인 생활 정보 제공도 가능하도록 하고 있다. 교양강좌, 체육대회, 기념일, 고유한 축제 등을 안내하기 위한 홍보물도 허용된다.

선거 60일 이전까지는 교양강좌, 사업설명회, 공청회, 직능단체 모임, 체육대회, 경로행사 등의 각종 행사를 개최 후원하는 것도 가능하니, 특별히 대시민 홍보가 필요한 영역에 대해서는 이러한 선거법의 제한 규정들에 따라 일정들을 사전에 파악하여 대비하는 것이 필요하다. 60일 전이라 하더라도 법령에 의한 행사는 가능하며, 특정일이나 특정시기에 개최하지 않으면 그 목적을 달성할 수 없는 행사는 가능하다. 예컨대 광주의 경우 2010년 지방선거 60일 전이지만 5 · 18행사는 개최가 가능하다.

법적인 근거를 가진 상시적인 업무적 성격의 사업은 선거법에서도 비교적 인정해 주고 있음을 이해하고 있는 게 도움이 된다.

▌광고전쟁, 국무총리훈령을 따르라

도시 간 경쟁의 물결을 타고, 지방 도시들도 공격적인 마케팅 기법을 도입하고 있다. 특히 수도권의 주요 다중집합장소에 즐비한 지방자치단체들의 광고는 공해에 가까울 지경이다. 공항, 터미널, 지하철 역사, 서울시내의 전광판 등등 특산물을 알리고, 관광 명소를 알리는 지방 도시들의 열띤 경쟁이 눈에 띈다.

심지어는 비싸기로 소문난 공중파 방송의 광고시간과 중앙일간지의 지면에 이르기까지 지방자치단체가 광고를 한다. 대한민국의 대표도시 서울과 부산은 전 세계를 대표하는 뉴스채널로 성장한 CNN에 광고를 내보내고 있다. 자치단체들이 광고전쟁에 뛰어든 가장 큰이유는 세상이 변하고 있기 때문이다. 국가 간 경쟁시대에서 이제는 브랜드로 승부하는 도시 간 경쟁 혹은 브랜드 시대로 진입했으며, 각 도시들은 각자의 경쟁력을 높이기 위해 도시를 알리는 마케팅 PR에 본격적으로 나선 것이다. 도시 간 경쟁은 매우 치열하게 전개되고 있다. 한국을 대표하는 대한민국 수도 서울은 세계적인 관광도시이자, 디자인도시로 세계도시와 경쟁하고 있다. 100여 명에 가까운 도시마케팅 전문인력을 보강하고, 400억 원을 국제광고에 투자하고 있다. 광역도시들의 사정도 마찬가지다. 광역시에서는 최초로 광주가 국 단위의 도시마케팅본부를 발족시켰고, 대전은 마케팅팀을 신설했다고 한다. 아시안게임, 유니버시아드, 세계육상선수권대회 등 메가 스포츠 대회를 유치하고자 총력전을 펼치는 것이 실상이다. 부산, 인천 등의 광역도시들 역시 세계적인 행사를 유치하고 성공적으로 개최하여 도시마케팅의 효과를 높이려 한다. 각 도시의 정체성에 맞는 브랜드를 개발하는 데서부터 시작하여, 도시만의 특별한 자원을 개발하는 일 그것은 궁극적으로 소외되거나 침체되지 않는 도시경제 순환을 위한 경쟁이다.

어찌되었건 시대는 변하여 자치단체도 국비에 의존하면서 현실에만 안주하는 행정으로는 파산신고를 해야 할지도 모를 일이다. 도시마케팅은 본디 석탄, 철광 등의 1차 산업이 쇠퇴기에 접어든 세계의 도시들이 도시 재활성화의 필요에 의해서 장소마케팅(place marketing)으로 출발했다. 쇠락한 철광석 도시에서 메탈플라워라는 구겐하임 미술관을 통해 문화도시로 탈바꿈한 스페인의 빌바오, 가깝게는 1차 산업인 쇠퇴한 농촌현실에 '나비 효과'를 퍼뜨리면서 새로운 농촌의 희망모델을 전파한 함평군에 이르기까지 쇠락한 도시 경제를 활성화하여, 찾고 싶고, 투자하고 싶고, 살고 싶은 도시를 만드는 것은 지방자치단체장의 가장 큰 임무가 되었다.

마케팅의 기본은 알리는 데서 시작된다. 그러다 보니 너도나도 기업이나 했던 유료의 상업광고를 자치단체들도 하고 나선다. 지방자치단체가 광고를 할 때 금과옥조로 명심해야 할 것이 있다. 바로 국무총리훈령이다. 국무총리훈령 120호 [정부광고시행에관한규정]을 준용할 것을 권하고 있다. 훈령에 따르면 대상 홍보의 범위에 인쇄매체(일간신문, 주간신문, 월간잡지, 각종 화보 등 간행물) 광고, 전기

통신 매체(방송, 통신, 인터넷 등) 광고, 교통(기차, 지하철, 버스, 택시 등) 광고 및 기타 광고(전광판, 선전탑, 광고판, 영화상영관, DM 등)가 포함된다. 사실상 모든 정부광고 시행을 문화체육관광부가 위탁사업자로 선정한 한국언론진흥재단이 국내매체광고를, 재단법인 국제방송교류재단이 해외매체광고를 대행한다.

사실 정부기관의 공무원 입장에서야 훈령에 준용하여 처리하면 감사 등에 지적될 하등의 문제가 되지 않는다. 하지만 자치단체 현실로 내려와 보면 그렇지 않아도 적은 홍보예산에 대행수수료 10%를 제외하게 되어 실제 광고비용이 현저히 낮아지는 문제가 발생한다. 이러한 현실까지를 감안하여 광고계획을 수립하는 지혜가 필요하다.

▌도시 이미지 바꾸기 – Highlight of Korea

유럽에서 기아자동차가 생산한 소울의 인기가 꽤 좋다고 한다. 하우젠의 이름으로 전국으로, 세계로 수출되는 냉장고와 세탁기를 만드는 곳은 어딜까? 첨단산업에는 모두 적용되는 광산업을 꽃피워 2조 2천억 원의 매출을 바라보고 있는 도시, 광산업, 가전산업, 자동차산업의 생산에 힘입어 2007년에 광역시중에서는 울산과 인천에 이어 세 번째로 수출 1백억 달러를 달성한 도시는 어디일까? 많은 사람이 부산광역시를 떠올리지만 정작 답은 '광주광역시'다.

광주는 1980년 민주화운동을 통해 워낙 강한 이미지를 덮어쓰고 있다. 저항의 도시, 소비의 도시, 소외의 도시라는 낙인이다. 광주는 민주인권평화의 도시라고 외친다. 5·18민주화운동의 진원지, 광주의 희생으로 대한민국의 민주화를 완성했다 해도 과언이 아니다. 이에 대한 광주시민들의 자부심 또한 크다. 5·18은 영광의 상처이자, 아픈 과거이고, 현재이기도 하다. 하지만, 민주인권평화 도시라는 주장은 전국적인 호응을 얻지 못한 광주시민들만의 것에 가깝다.

과거의 옷을 벗고 세계 5대 비엔날레를 개최하는 문화도시이자 첨단산업도시 광주를 알릴 수 있는 새로운 방법이 필요했다. 국가 최장기 프로젝트로 진행 중인 문화수도 조성사업을 통한 문화의 빛으로, 친환경 고부가가치의 빛 산업을 비롯하여 자동차, 가전산업의 메카로 떠오른 산업의 빛으로 전환되고 있는 '창조적인 빛의 도시 광주'라는 새로운 도시 이미지 창출을 위한 이미지 전환 작업이 시작되었다.

도시마케팅에서 가장 핵심적인 것은 환골탈태다. 기존의 옷을 벗고, 완전히 새 옷으로 갈아입는 것이기 때문이다. 쇠락한 철강도시에서 문화도시로, 아이 울음이 그친 농촌에서 나비를 입은 생태도시로 거듭난 새로운 이미지가 사람들의 머릿속에 자리 잡아야 한다. 달리 말하면 도시마케팅의 핵심은 이미지 체인지다. 광주광역시가 낡은 광주에 새로운 옷을 입히기 위해 시작한 프로젝트가 바로 '창조적 빛의 도시' 이미지메이킹이었다. 2009년 처음으로 우리나라 3대 공중파 방송에 '광주의 빛 세계의 빛이 됩니다'라는 카피와 대한민국에서 가장 빛나는 도시이자 빛으로 기억될 도시임을 함축한 'Highlight of Korea'를 브랜드 슬로건으로 도시마케팅을 위한 CF와 CM송을 방송했다. 9시뉴스와 인기리에 방송되는 드라마 시간대의 SA타임을 적극 활용하여 700회 이상 방송에 노출시켰다. 서울시가 390억 원을 들여 세계를 상대로 관광도시 서울 알리기에 쏟은 투자에 비하면 조족지혈에 불과할 터이지만, 지방도시가 그동안 한 번도 시도하지 않았던 CF 광고로 도시 이미지를 바꿔 보겠다는 발상을 하고, 10억 원 이상의 방송광고를 시도했다는 것은 공공기관 홍보에서는 상당한 사건으로 기록될 일이다.

라이트그래피티 기법을 이용하여 문화, 환경, 첨단산업의 삼색 빛으로 역동적으로 발전하고 있는 광주의 모습을 동화적으로 터치하여 부드럽게 접근했다는 평가와 함께 '빛'을 광주의 확실한 이미지 테

짝퉁 공무원의 생생한 PR 이야기

마로 정착시키는 계기를 마련했다. 광주의 빛 이미지 광고는 항공사의 고급 매거진 속에서도 재현되었고, 도시 곳곳의 명소를 담은 '아름다운 광주'라는 타이틀의 도시홍보 엽서를 통해서도 재현되었다. 특히 '아름다운 광주' 엽서 제작은 2015 유니버시아드 유치를 신청한 광주에 실사(inspection)를 온 세계대학스포츠연맹의 스테판 버그 단장이 광주 엽서를 구하고 싶다는 제안으로부터 시작되었으나, 향후 중국, 일본, 영미권의 방문객들에게 좋은 선물로 활용되었다. '엄마가 뿔났다'의 타이틀을 손 글씨로 특징 있게 쓴 강병인 씨가 직접 쓴 '아름다운 광주' 타이틀을 비롯하여 엽서 하나하나에 주제를 담아 그것을 캘리그래피로 구현한 엽서는 블로그를 통해 인기리에 조기 품절되었다. 도시 이미지를 통합적으로 변화시켜 보고자 하는 자치 단체의 작은 노력이었으나, 상당한 의미를 거둘 수 있는 시도였다. 다음 페이지에서 엽서에 대한 이야기를 좀 더 이어 보자.

정책도 스토리텔링이 필요하다

모든 홍보는 수요자의 입장을 고려해야 한다. 정부기관들이 어떤 정책을 발표할 때마다 국민들로부터 행정편의주의니, 탁상행정이니 하는 핀잔을 듣는 것도 수요자에 대한 고려가 없는 데서 나오는 것이다. 정부는 국민의 입장을, 시청은 시민의 입장을, 구청에서는 구민의 관심과 이해를 반영하여 홍보업무를 처리해야 한다. 우리에게 익숙한 옷을 벗고, 눈높이를 맞춰 그들과 함께하는 소통을 시작해야 한다.

요즘 눈에 띄는 정책홍보의 변화는 콘텐츠의 연성화다. 말랑말랑한 정책홍보들이 등장하고 있다. 2009년 여야간 쟁정이 되었던 미디어법을 다소 아마추어적인 느낌의 페이퍼애니메이션으로 제작하여 홍보하기도 하고, 정책홍보에 유명 연예인을 홍보대사로 위촉하여 홍보에 활용하기도 하고, 정부부처에서 만드는 홍보 책자도 딱딱하던 틀을 벗고 다양한 시도를 하고 있다. 공무원들이 선호했던 블랙과 남청색 계열에서 빨강, 파랑, 노랑의 원색 계열의 색상들로 과감하게 치장하기도 한다.

20~30년쯤 공직을 경험해 온 선배들은 실로 많은 변화라고들 한다. 아무튼 수요자들의 요구에 부응하려는 이러한 정부기관의 노력들

은 눈물겹도록 고마운 일이다. 그동안 군림하려던 자세에서 수요자들의 눈에 맞춰 낮은 자세로 대화하려는 의지의 표현이기 때문이다.

정책도 스토리텔링이 필요한 시대다. 스토리텔링이라고 하는 게 별것 아니다. 수요자들이 관심을 갖고 그 정책을 한 번 더 들여다볼 수 있도록 그에 걸맞은 옷을 입혀 주면 된다. 광주에서 도시마케팅을 하면서 여러 가지 변화를 시도했지만, 인상에 남는 몇 가지가 있다. 엽서나 편지의 시대가 가고 이미 그 자리를 이메일이 대체한 지 오래지만, 외국인들 중에는 아직도 엽서를 수집하고 좋아하는 사람들이 많다. 유니버시아드대회 유치 실사단으로 광주를 찾은 스웨덴 집행위원 스테판버그가 첫 실사 때 광주의 포스트 카드를 구하고 싶다고 전해 왔다. 정작 가진 게 없었다. 광주의 주요한 장소와 관광포인트들을 실제 사진으로 담은 엽서를 원했으나, 준비된 것이 없었다. '아름다운 광주'라는 이름으로 광주비엔날레, 무등산, 환벽당, 빙월당, 광주천, 광주시청 등 14가지를 하나의 세트로 광주의 풍경을 담은 그림엽서를 제작했다. 그냥 그림엽서라면 주목받지 못했을 테지만 엽서에 새로운 옷을 입혔다. 먼저 엽서의 타이틀은 우리나라에서 캘리그래피(예술적인 손글씨 디자인)로 유명한 강병인 씨의 작품을 썼고, 각 엽서 하나하나에는 풍경을 한자로 함축한 한자어와 영어를 병행하였다. 후면에는 풍경을 설명하는 글을 입혔다. 예쁜 디자인에 예술가의 향취를 얻었다는 이유로 광주엽서 '아름다운 광주'는 제작한 지 얼마 안 되어 불티나게 요청이 들어와 배포되었다.

유니버시아드를 유치하고 그 전 과정을 기록하는 백서를 제작할 때의 일이다. 보통 백서라고 하면은 단단한 하드커버에 두꺼운 볼륨의 책으로 '보기 위한 책'이기보다는 '보관하기 위한 책'이란 인식이 일반적이다. 백서에 대한 이러한 생각을 바꾸어 보기로 했다. 딱딱한 개조식의 필체를 버리고 754일간의 유치과정에 얽힌 뒷이야기를 알기 쉽고 이해하기 쉬운 간결한 문체로 정리했다. 이렇게 해서 탄생한 것이 '빛의 도시 광주, 유니버시아드 별을 따다'라는 제목의 이야기백서다. 200페이지를 넘지 않는 볼륨에 한 뼘 손안에 들어오는 판형으로 제작하여 관심 있는 사람이라면 한 번쯤 읽어 보고 싶은 마음이 동하게 편집하고 디자인했다.

유니버시아드를 주관하는 세계대학스포츠연맹의 사무국이 브뤼셀에 위치한 덕분에 출장 갈 기회가 있었다. 사전정보를 찾아보니 벨기에에서 유명한 것 하면 초콜릿, 홍합, 맥주 그리고 '꼬마 줄리앙'으로 불리

짝퉁 공무원의 생생한 PR 이야기

는 오줌싸개 동상이었다. 출장길에 초콜릿, 홍합, 맥주는 모두 맛을 보았으나, 꼬마 줄리앙을 만나는 기회는 놓치고 말았다. 보고 온 이들에게 들은 말은 '허망하다'였다. 60㎝ 정도밖에 되지 않은 작은 청동상을 보면 그 명성에 걸맞지 않은 규모의 초라함에 놀라게 된다고 한다. 1619년 제롬뒤케누아(Jerome Duquesnoy)의 작품으로 벨기에의 침략자들에 의해 약탈을 당하는 수난을 겪었고, 루이 15세가 당시 침략을 사죄하는 뜻에서 후작의상을 입혀 돌려보낸 것이 계기가 되어, 벨기에를 방문하는 국빈들이 줄리앙의 옷을 선물하는 것이 관례가 되었다고 한다. 우리나라도 한복을 만들어 보냈다고 전해진다. 꼬마 줄리앙은 '브뤼셀에서 가장 나이 많은 시민'으로 사랑받고 있으며, 이 분수의 물이 흐르는 한 브뤼셀이 평화롭다는 전설을 가지고 있다.

우리가 어떤 장소를 관광하고 물건을 소비할 때 우리가 정작 사는 것은 그 안에 담긴 이야기다. 우리는 꼬마 줄리앙을 보는 것이 아니라, 꼬마 줄리앙이 담고 있는 이야기를 소비하는 것이다. 꼬마 줄리앙의 사례를 보면서 정책 수요자들에게 필요한 이야기, 도움이 되는 이야기, 즉 정책 PR이 이야기와 결합되어야 하는 이유를 찾았다.

▌악마의 유혹, 상(償)

학창시절부터 누구나 한 번쯤 받아 보고 싶었던 최고의 칭찬의 징표였던 상장, 한 학기 끝나고 우등상을 받을 때의 그 뿌듯함과 자랑스러움은 말로 다 할 수 없었다. 우등상장을 가방에 고이 담아 기세등등하게 집으로 가는 발걸음을 재촉했던 기억이 새롭다. 상은 아이에게나 어른에게나 받으면 참 기분 좋은 인센티브다.

지방자치단체에 근무하면서 가장 큰 유혹 중에 하나는 각종 언론기관과 공공기관이 주최하는 '○○대상'이라는 이름의 수상에 참가하라는 안내를 받을 때다. 홍보부서의 경우 1년이면 이름 있는 공공기관들이 주최하는 각종 브랜드 대상에 참여를 요청하는 공문과 전화를 수십 차례는 받게 된다. 행복한 도시 대상, 대표브랜드 대상, 글로벌 경영인 대상, 지역 경쟁력 대상, 친환경 대상, 공간문화 대상, 기술혁신 대상 등등 열거하자면 한이 없을 정도다. 상은 학교에 다니는 학생들에게만 수여하는 것인 줄 알았는데, 이렇게 많은 상들이 있다는 것에 새삼 놀라울 정도였다. 하지만, 현장에서 부딪치면 부딪칠수록 전국홍보에 목마른 지방 도시의 홍보담당자들에게 상의 유혹은 정말 넘어가고 싶은 유혹이기도 하겠다는 생각이 들었다.

민선 지방자치의 시대, 또 한편으로는 치열한 도시 간 경쟁시대가 되면서 지방 도시들도 앞을 다투어 자기 지방 알리기 경쟁을 가속화하고 있다. 지방도시의 입장에서 공신력 있는 중앙의 기관으로부터 대상을 수상하게 되면 지방발전의 성과를 집약적으로 시민들에게 알릴 수 있는 좋은 수단이 된다. 그래서 너도나도 대상 수상에 참여하고, 수상의 결과는 다소 촌스럽지만 대문짝만 한 플랜카드로 제작하여 청사 앞에 내거는 것이 예사다.

일부 언론들이 시민의 혈세로 상을 사고 있다는 지적과 함께 수상제도의 폐해를 지적하는 집중 보도로 사회문제화되기도 했다. 언론의 지적이 온당치 못한 것은 아니지만 지방 도시들이 안고 있는 현실적인 이유 또한 간과하지 말아야 한다. 특히 중앙 언론기관이 주최하거나 후원하는 수상제도의 경우는 저렴한 비용으로 전국적인 홍보를 할 수 있는 매력적인 지원책을 상당히 포함하고 있기 때문이다.

예컨대 중앙일간지에 전면 광고를 하려면 수천만 원대의 홍보비가 소요된다. 하지만 수상자가 되면 적은 비용으로 중앙의 신문이나 방송시간에 소개됨과 동시에 광고지면을 통해 소개되는 등 비용대비 효율성을 살릴 수 있는 홍보 인센티브로 지방 도시들을 유혹하고 있기 때문이다. 대다수 지방자치단체들의 홍보예산이야 대동소이하게 그리 많지가 않다. 그러다 보니, 중앙의 신문 방송에 명함을 내민다는 것은 현실적으로 거의 어렵다고 봐야 한다. 또한 서울 중심의 보도관성에 젖어 있는 중앙의 신문과 방송이 그들의 지면과 시간을 지방도시에 할애하는 데는 매우 인색한 것이 현실이 아닌가. 우리나라의 지방 도시들은 오랜 중앙중심의 권력구조 속에서 소외와 차별로 인한 피해의식에 휩싸여 있다. '6시 내고향'과 같은 의무감을 반영한 프로그램도 일부 방송되고 있지만, 시사적인 문제에서 지방은 늘 소

외되고 있다. 대형화재나 참사, 사건사고와 같은 부정적인 일이 벌어
질 때에나 중앙의 언론들은 지방에 초점을 맞춘다.

　국민들에게 긍정적인 이미지 형성과 우호적인 관계 수립을 궁극적
인 목표로 설정하고 있는 지방자치단체의 홍보부서로서는 여간한 고
민이 아닐 수 없다. 그래서 지방자치단체들에게 '상'은 악마의 유혹
과 같은 존재다.

▮ 어린이도 시민이다

마케팅에서 시장 세분화는 기본이다. 분명한 타깃을 정하고, 그 타깃에 맞는 판매 전략과 전술을 펼칠 때 성공할 수 있기 때문이다. 요즘은 제품을 만드는 기획단계에서부터 마케팅과 **PR**이 결합하여 진행된다. 기업에서는 일반화된 방식이지만 이런 방법은 정부 **PR**영역에서는 다소 생경하다.

정책의 수요자에 맞게 대상을 나누어 그들의 눈높이에 맞는 메시지를 개발하고, 그들이 즐겨 보고듣는 채널을 통해 **PR**할 때 비용은 줄이면서도 홍보에 대한 효과는 높일 수 있는 것이다. 사적 영역에서 일반화된 방법이라고 하더라도, 공적 영역으로 오면 좀체 그것이 특별한 것이 되는 것은 한두 가지가 아니지만 특히 **PR**전략들이 그런 것 같다.

정책홍보는 저비용고효율의 **PR**이 되어야 한다. 돈을 많이 들여 물량 공세를 퍼붓는 기업의 대량공세식 광고를 할 수 있는 것도 아니고, 품격을 갖추는 것도 필요하기 때문이다. 많은 사람들이 본다고 해서 생활정보지에 물량으로 밀어붙이는 것이 능사일까? 그것은 아니라고 본다. 정책의 내용과 품위에 맞게 매체를 선정하는 일 또한 중요하다. 결국 정부기관에서 소요되는 **PR**비용은 모두 세금이기 때문이다. 국민의 알권리를 보장하고, 정보부재로 인하여 피해를 보는 국민이 없게 하기 위한 것이 목표가 되어야 한다.

　노인층에게 필요한 복지정책에 대한 정보를 제공하기 위한 것이라면 그것은 노인당에 계시는 분들에게 구전을 통한 것이 가장 효과적이다. 주부들을 위한 정책이라면 그것은 여성잡지를 활용하거나, 드라마 시간대의 방송시간을 사는 것이 좋다. 그렇다면 어린이에게는 바로 어린이 채널들이다. 어린이의 눈높이에 맞는 콘텐츠를 기획해야 한다.

　광주에서는 내가 사는 고장에 대한 자긍심을 고취하고, 내 고장의 역사와 문화를 제대로 이해할 수 있게 만드는 것이 필요하다는 생각에 어린이를 대상으로 한 책자를 개발했다. '광주가 최고야'란 이름으로 기획된 이 책의 발간 동기는 이렇다. 초등학교 4학년 수준이 되면 지역사회를 이해할 수 있는 '광주의 생활'을 정규교육과정에서 다루게 되는데 2009년에 교재개편작업을 하던 한 교사가 시청에 자료를 요청하고자 방문했다. 매년 변화하고 있는 광주의 생활상과 사회상을 알리기 위해서는 시청에서 제공하는 자료가 필요하다는 이야기를 했다. 시교육청과 협의하에 초등학교 4학년 사회교과 '광주의 생활'의 보조교재로 '광주가 최고야'라는 기획이 이루어지게 되었고, 내사랑 광주, 한눈에 보는 광주역사, 친환경첨단산업 · 문화수도 광주, 광주의 인물들, 광주의 살림꾼 등 8가지 테마로 70페이지 분량을 만들었다. 어린이들이 좋아하는 스티커, 숨은 그림 찾기, 만들기 등의 부록을 추가했고, 시교육청에서 2만 2천 명의 광주지역 4학년 학생들에게 배부했다. 지역사회에 대한 숙제를 할 때마다 어려움을 겪었던 학부모들의 반응이 좋았고, 현장에서 아이들을 지도하는 교사들의 격려도 있었다. 거의 남은 분량이 없을 만큼 1차년도 제작 책자는 동이 났다.

▌2조 2천억 원보다 내 호주머니 속의 2만 2천 원

민선 이후 지방자치단체의 가장 큰 특징 중 하나는 치열한 국비확보 전쟁에 나선다는 점이다. 도시 간 경쟁시대가 전개되면서 국비확보는 지역경제 활성화에 직접적인 영향을 미치는 핵심 사안이기 때문이다.

광주광역시의 경우 2001년 4천5백억 원이었던 국비확보액을 2010년 2조 2천억 원으로 획기적으로 상승시켰다. 8년 전과 비교하면은 5배에 달하는 예산규모다.

공무원들의 부단한 노력의 산물이다. 매년 연말과 연초가 되면 자치단체들이 앞을 다투어 언론보도를 주도하는 단골손님 중의 하나이기도 하다. 국비확보액은 국가가 주도하는 대형국책사업을 그만큼 해당 도시에 많이 가져왔다는 것을 의미하기 때문에 자치단체장의 능력으로 평가받기 때문일 것이다. 당연히 자치단체들은 1년 농사의 성과인 국비확보액을 언론에 앞을 다투어 보도하는 등 홍보에 열을 올린다.

하지만 시민들의 반응은 자치단체의 홍보 열기에 부응하지 못한다. 오히려 무관심하다. 2010년 광주광역시도 재정 3조 원, 국비 2조 원 시대를 개막했다는 정책의 성과를 보도 자료 등을 통해 적극 홍보했다. 막상 시중에서 만나는 시민들은 광주의 재정규모가 3조 원에 이르는다는 사실을 잘 모르고 있다. 3조 원이라는 천문학적인 액수는 시민들의 피부에 와 닿는 이야기가 아니다. 그저 언론보도에서나 만나는 꿈같은 이야기일 뿐이다.

정책홍보가 효과를 보기 위해서는 시민들의 피부에 직접적으로 닿는 이야기를 전달해야 한다. 예컨대 올해 초등학교 1, 2학년에 대한 급식비가 지원된다고 한다. 올해 처음 초등학교에 입학하는 신입생 부모들이야 그게 얼마나 실생활에 의미 있는 일인지를 모르겠지만, 초등학교에 아이를 보낸 경험이 있는 학부모라면 그게 어떤 의미인지를 잘 안다. 그것은 연간 50만 원쯤 들어가는 아이의 급식비를 내 호주머니에 절약할 수 있다는 것이다.

2010년 연초에 5일간 실시되었던 유니버시아드 영어스쿨도 마찬가지다. 일부러 크게 홍보 한 번 하지 않았지만, 중학생 자녀를 둔 학부모들의 입에서 입으로 소문이 퍼지면서 192명 모집에 600여 명에 달하는 경쟁자가 몰리는 예상외의 큰 성과를 거뒀다. 합숙으로 50시간을 수준 높은 원어민 강사로부터 교육을 받을 수 있는 프로그램에 보내려면 적어도 100만 원 이상의 높은 비용이 지출될 터이지만 무료로 수준높은 영어 교육 혜택을 받을 수 있다는 것이 얼마나 큰 이익인가.

보도 자료 하나를 내더라도 피부에 와 닿게 작성해야 한다. 정부에서 하는 이 정책이 실현되었을 때 어떤 혜택을 볼 수 있는지 대상의 눈높이에 맞추어서 기사화한다면 추상적인 수준보다는 훨씬 유용할 것이다. 최근 국가포털에 올라온 세종시 관련 보도 자료가 도움이 될 것 같다. 세종시 개발과 관련한 다양한 이해당사자의 입장에서 어떤 혜택을 누릴 수 있는지를 비교적 풀어 놓았다는 점에서 세종시 정책의 옳고 그름을 떠나서 정책홍보라고 하는 관점에서 참고할 만한 사례다. 여기서는 맛보기로 짤막하게 헤드라인과 리드문장 정도만 소개한다. 전문은 아래 URL을 참고하기 바란다.

http://www.korea.kr/newsWeb/pages/brief/hotIssue3/view.do?issueNewsId = 71517895&newsDataId = 148686395&packageId = 49500493&currPage =

정책포커스: 세종시 제대로 만들겠습니다.

"여보, 세종시 오기 참〜 잘했다."
2020년 날개 단 세종시 가상 시나리오

원주민 김희망 씨
영구임대아파트에 자녀취업까지 한 방에 해결했죠.

　"행복아파트에는 행복이 산다." 조상 대대로 물려받아 온 아담한 규모의 농지가 세종시 부지에 편입돼 한동안 대토(代土) 농사를 짓던 농부 김희망 씨. 2020년 새해를 맞은 김 씨의 기분이 지금 이렇습니다. 얼마 전 김 씨가 입주한 세종시 행복아파트 거실 창밖으로 보이는 널찍한 녹지대의 겨울나무들은 벌써 푸른 여름날을 꿈꾸는 듯합니다.
(중략)

연구원 이연구 교수
한국의 자랑 '중이온가속기' 개발에 가슴 뿌듯

　서울의 한 대학에서 물리학을 가르치던 이연구 교수는 세종국제과학원으로 자리를 옮기며 세종시로 왔습니다. 3백30만 제곱미터의 널찍한 부지에 지어진 세종국제과학원은 세종시 안에 만들어진 기초과학연구원, 중이온가속기, 첨단융·복합연구센터, 국제과학대학원 등을 총괄하는 기구입니다.
(중략)

이주민 박서울 씨
깨끗한 주거환경·문화생활 재미도 쏠쏠해요.

　　대기업에 근무하는 박서울 씨. 그의 업무인 차세대 전지 분야가 모두 세종시로 이전하며 가족과 함께 이주했습니다. 한동안 초중학생인 자녀교육 문제로 서울에 남기 위해 차라리 이직을 해야 하나 '극단적 고민'까지 했지만 세종시에 자립형 사립고와 기숙학교, 외국어고와 예술고 등 특목고까지 다양한 형태의 고등학교가 있다는 사실을 알고 이주를 결심했습니다. 게다가 고려대에 카이스트까지 명문대들이 세종시 안에 있으니 굳이 사교육이나 명문대 진학을 위해 서울에 남겠다고 고집할 필요가 없었습니다.
(중략)

기업인 최사업 씨
벤처투자 전담 펀드로 우량기업 꿈 이룹니다.

벤처사업가인 최사업 씨는 세종시 투자를 결정한 것에 대해 아주 잘한 선택이란 생각에 흐뭇합니다. 최 씨가 설립한 그린에너지 개발 사업체는 부지 공급부터 정부 지원을 받았고, 소득세와 법인세는 물론 취득세와 등록세, 재산세 등도 최장 15년까지 감면 혜택을 받아 여유자금을 투자에 집중할 수 있게 됐습니다. (중략)

세종시 '리틀 제네바'
외투기업·국제기구 입주…… '아시아 실리콘밸리' 급부상

요즘 세종시 안의 화제는 단연 '리틀 제네바'입니다. 리틀 제네바는 과학 연구와 교육, 투자와 관련해 한국에 온 많은 외국인들이 일하고 즐기는 곳으로, 외국어 표지판이 즐비한 거리 풍경과 거리를 걷는 사람들의 면면에서 다문화가 물결칩니다. 한국어를 못 하는 이들도 유비쿼터스 환경을 통해 사방에서 접속이 가능한 영어 통·번역 서비스에 외국인 전용주택단지, 외국인 전문교육·의료기관 등으로 생활에 불편이 없습니다. (중략)

|글·그림: 위클리 공감 | 등록일: 2010. 01. 22.

▌가장 큰 골칫거리, 보도 자료 작성

광주에 내려와서는 공무원교육원으로부터 강의요청을 자주 받는다. 1년에 서너 차례는 출강을 하여 홍보특강을 한다. 홍보강의가 그만큼 수요가 있고 공무원들에게 연찬이 필요한 전문분야로 인식되고 있다는 의미다.

홍보강의의 단골메뉴 중 하나는 보도 자료 작성이다. 사업추진부서의 실무담당관들이 보도 자료를 작성하고 있기 때문에 언론과 보도가 무엇인지에 대한 이해가 부족한 공무원들에게는 고역 중에 고역이 바로 보도 자료 작성이다. 실제 보도 자료 작성 때문에 밤샘을 하는 공무원들도 다수 있는 게 현실이다.

보도 자료 작성과 관련해서는 많은 교본들이 있고, 매뉴얼들이 있다. 누가 언제 어디서 무엇을 어떻게 왜 했느냐를 포함한 육하원칙은 기본중에 기본이다. 뉴스의 밸류를 결정하는 영향성, 시의성, 저명성, 근접성, 갈등성, 신기성 등의 요소 중 하나 이상을 갖고 있는 경우 뉴스가 될 가능성이 많다는 것도 상식이다.

홍보의 기본이라고 한다면 늘 공중의 입장에서 생각하는 자세다. 홍보의 대상이 누구냐에 따라 그들이 원하는 요구에 부응하는 것이 좋은 홍보이고, 효과를 보는 홍보다. 정부기관에서 작성하는 보도 자료의 일차적인 수요자는 '출입기자'다. 출입기자들로부터 간택될 수 있는 보도 자료를 작성하는 것이 보도 자료 작성의 정답이다. 많은 공무원들의 인식에는 아직도 '기자들과 밥 한 번 먹으면 된다.'는 생각, 즉 관계 관리를 잘하면 기사화가 잘된다는 생각이 지배적인 듯하다. 그것도 틀린 말은 아니다. 그렇지만 관계구축과 관리는 홍보의 기본이다.

보도 자료 작성에 앞서 기자라는 직업에 대한 이해가 필요하다. 통상 광역시청에 출입하는 기자의 경우 하루 쏟아지는 보도 자료의 양은 적게는 7건에서 많게는 10건을 넘는다. 그리고 출입처의 보도 자료만이 아니라 시민사회단체를 비롯하여 다른 여타의 조직들로부터 들어오는 보도 자료를 합한다면 하루 20여 건 이상의 보도 자료에 노출된다. 이 중 채택되어 실제 지면에 또는 방송시간에 보도되는 양은 매우 제한적인 게 현실이다.

기자의 손에서 쓰레기통으로 직행하는 데는 채 30초 이상이 걸리지 않는다. 일선기자들에 따르면 보통 두 단락 안짝에서 이미 판가름이 난다고 한다. 아무리 정책기사라고 하더라도 기자들의 눈길을 끌 수 있는 매력적인 제목, 추진하고 있는 사업에 대한 논리적인 배경설명과 의미부여, 정돈된 문장이면 일단은 합격이다. 여기에 더 이상의 추가 취재를 하지 않고도 기자들의 궁금증을 해소해 줄 수 있는 완벽한 콘텐츠로 완성도를 높인 보도 자료라면 두말할 것이 없다.

다음은 데드라인이다. 사선을 넘긴 보도 자료는 아무리 사안의 중대성이 크다고 해도 아웃당한다. 조간신문의 경우 기자들의 기사마감 시간은 늦어도 오후 5시까지다. 오전에 회의와 취재활동을 마치고 오후 2시쯤 되면 기사작성에 들어가는데 사전에 담당기자가 내

사안에 대해 충분히 검토하고 취재할 시간을 주는 것이 좋기에 적어도 오전 중에 보도 자료를 배포해야 한다.

광주광역시에서 만난 J 과장은 반드시 업무 담당 사무관에게 보도 자료를 작성할 것을 주문한다고 했다. 업무담당 실무관은 업무 전체보다는 자신이 담당한 사안에 대해서 제한적으로 이해하지만, 사무관은 전체를 이해하는 포괄적인 보도 자료 작성이 가능하고 자신이 추진한 사업에 종지부를 찍는 일이기 때문이라고 설명한다. 충분히 일리 있는 말이다. 조각 정보는 단신에 그칠 수 있지만, 내용의 유사성이 있는 아이템들을 잘 엮어 내면 보도가치를 그보다 키울 수 있기 때문이다.

정부기관의 홍보를 경험하면서 반드시 홍보업무는 조직의 전체적인 사업과 업무를 기획, 조정할 수 있는 기획부서에 위치시켜야 한다고 생각한다. 버즈아이 역할을 할 수 있는 조망 가능한 부서에서 일관성을 유지하면서 통합과 조정의 과정을 거치는 것은 정부조직 홍보의 질을 향상시킬 수 있는 방안이 될 것이다.

2005년 한국언론진흥재단에서 발행하는 '신문과 방송'에는 언론사 경력 홍보전문가들에 대한 평가 기사가 실렸는데, 비교적 잘 안착하고 있다는 총평이다. 2005년 당시 정부부처 정책홍보팀에서 일반계약직으로 간 언론계 출신은 총 28명이며, 이는 33개 부처 52명의 전문가 중 절반을 넘는다고 한다. 그만큼 정부에서 언론홍보의 필요성이 컸다는 것을 의미한다.

2008년 연말쯤으로 기억된다. 광주시청 홈페이지 '시장께 바란다' 코너에 광태라는 이름 때문에 놀림을 받고 있는 한 아이 어머니의 애절한 간청 글이 올라왔다. 아이의 어머니는 '저의 큰 아이 이름은 박광태입니다'라는 제목의 글을 통해서 '광태'라는 이름 때문에 친구에게 놀림을 받아 힘들어하는 아이의 사연을 털어놓고, 아이에게 용기와 희망을 줄 수 있도록 같은 이름을 가진 박광태 광주시장과의 만남을 요청했다.

'광태'라는 흔치않은 이름을 가진 두 사람의 만남은 분명 이색적인 언론보도의 소재가 될 것이라는 감각적인 판단이 들었다. 특히 부산에 사는 어린이 광태와 박광태 광주 시장과의 만남은 소재 자체로도 언론의 주목을 받을 수 있는 보도 아이템이었다. 그래서 자연스럽게 만남을 위한 이벤트의 기획에 착수했다.

홈페이지 민원 내용을 전달받은 박 시장은 자라나는 어린이에게 마음의 상처를 씻어 주는 일이니 빠른 시간 내에 초대할 수 있도록 잘 준비하라고 했다. 광태 어린이의 어머니와 통화를 해 보니, 이번 광주방문은 광태 어린이 가족의 첫 방문이라고 했다. 오랫동안 광주와 박 시장에 대한 아름다운 기억을 남겨 줄 수 있는 아이디어가 필요했다. 크리스마스에 맞춰 만남 자체를 선물로 할까도 생각했으나, 일정이나 여건이 잘 맞지 않았다.

두 사람의 다정한 모습을 담은 캐리커처를 준비하기로 했다. 광태 어린이의 사진을 미리 이메일로 전달받아 두 사람이 다정하게 어깨 동무하고 있는 캐리커처를 그렸고, 그 안에는 "크고 넓게 생각하면서 대한민국을 밝히는 큰 별이 되어라."라는 박 시장의 덕담을 친필로 담았다. 또한 박 시장이 가장 존경하는 인물이자 인생의 정신적 지도자로 여겨 온 백범 김구 선생을 소개하면서 '어린이와 청소년이 함께 읽는 백범일지'를 선물로 전달하기로 했다. 사진이 첨부되면 보도의 볼륨이 더 커질 수 있기 때문에 방송과 사진기자들이 주목할 소품으로도 좋았다.

준비는 끝났다. 2009년 1월 29일, 박광태라는 흔치않은 이름을 가진 두 사람이 광주광역시청 시장 접견실에서 세대를 뛰어넘는 만남을 가졌다. 부모와 두 동생을 동행한 광태 군은 처음으로 광주를 찾았는데 박광태 시장이 "내 생전에 가장 반가운 손님"이라며 "이름도 같고 밀양박씨 본도 같아 한 식구처럼 예쁘다."며 머리를 쓰다듬자 처음에는 다소 머쓱해했다.

시간이 흐르자 마치 할아버지를 만난 것처럼 '광식이 동생 광태'라는 영화 때문에 놀림을 받았다는 고민을 털어놓았고, 박 시장은 "그 영화를 나도 봤는데, 이름이란 광태처럼 부르기 쉽고 듣기 좋은 이름이 제일 좋은 것이다."며 "나는 한 번도 이름이 나쁘다는 생각을 해 본 적이 없다."면서 최고로 좋은 이름이 광태라면서 자신감을 북돋워 주었다.

이 일은 경향신문 등 중앙일간지를 비롯하여 10개 이상의 지방 일간신문과 인터넷 매체와 방송으로 보도되었다. 광주지역뿐 아니라 부산지역의 방송에도 이례적인 일로 보도되면서 상당기간 동안 여러 사람들의 입을 통해 회자되는 홍보효과를 톡톡히 얻었다. 기자들은 매일매일 생산되어 배포되는 정부기관의 보도 자료보다는 이런 신선한 아이템에 주목한다. 일부러 시간과 지면을 돈을 주고 구매하지 않고도 '잘 기획된 아이템'은 보도를 통해 지면과 방송에 노출되어 뜻밖의 큰 성과를 낼 수 있다. 기획홍보라고 하는 것은 억지로 홍보용 기사를 써서 언론사에 밀어 넣는 것이 아니라, 가까이에서 만날 수 있는 작은 소리도 크게 듣다 보면 해답을 찾을 수 있다.

❚ 정책도 브랜드 시대

브랜드의 '어원'은 구별 짓기에서 유래했다. 유목생활에서 내 집의 소와 남의 집의 소를 구별하기 위해 소에 인두로 표식을 한 데서 브랜드라는 말이 시작되었다고 한다. 이제는 정책도 브랜드 시대다. 그래서 많은 정부기관들에서도 정책브랜드를 개발하고 그 브랜드를 통해 정책을 홍보하고 있다.

인구 3만 7천(09년 12월 말 기준)의 자그마한 농촌 함평군은 나비축제와 친환경 농업을 결합하여 새로운 지역의 이미지를 입히는 데 성공했다. '나르다'라는 브랜드를 개발하여 수익사업으로 연결하는 등 독자적인 브랜드를 정립하여 우리나라 도시마케팅의 성공적인 사례로 자주 언급된다.

또 대나무로 유명한 담양군은 지역의 특산물이기도 한 대나무를 테마화한 죽녹원을 조성하여 메타세쿼이아 길과 함께 관광객을 유치하고, 대잎차 개발 등 대나무를 원료로 한 신산업개발에 힘써 나름대로 '브랜드' 구축에 성공했다. 민선 지방자치단체장들이 도시마다의 특성을 살린 브랜드를 개발하고 있지만, 성공의 확률은 그리 높지 않다. 보성 하면 녹차, 장성 하면 홍길동 하고 생각할 정도로 민선 이후 그 지역만의 특색을 살린 브랜드를 개발하여 나름대로 흥행에 성공한 지방 도시들도 적지 않다. 이들 성공 사례들은 대부분 유형의 자산이나 실체가 분명하게 드러나는 것을 브랜드로 활용했다.

하지만 광주광역시 남구는 실체가 없는 무형의 정신적 가치에 새로운 구별 짓기를 시도했다. 바로 효사랑 브랜드다. 구시대적인 유물로 평가받으면서 현대인들에게 부담감만을 주는 '효'와 '사랑'이라고 하는 정신적 가치를 결합하여 2002년부터 '효사랑'이라는 구정 브랜드를 개발하였고, 이를 후원기업을 이끌어 내는 공동마케팅으로 연계하여 산업자원부가 후원하고 산업경제연구원이 주최하는 대한민국 브랜드대상에서 당당히 우수브랜드로 평가받기까지 했다.

효사랑은 사라져 가는 부모공경의 정신을 현대사회에 맞도록 상호존중과 신뢰의 정신으로 승화하여 부모세대와 청소년 세대 간의 상호존중과 존경의 마음을 사회적인 관계로 승화한 것으로 특히 구정 복지정책의 근간이 되었다. 구정실현의 핵심적 가치를 효사랑에 두고, '칼라풀 효사랑'에서 시작하여 최근에는 '그라지 효'로 브랜드 슬로건을 바꿔 구정의 핵심적인 가치 실현에 진력하고 있다.

생산성 향상의 기치 아래 맞벌이에 시달리는 현대인들의 생활구조로 인해 자식세대가 행할 수 없게 된 효의 실천을 구청이 대신하겠다는 생각이다. 바로 사회적 의미의 효도다. 부모세대에게는 구청이 자식을 대신하여 방문간호사업 등 찾아가는 효사랑 보건복지 서비스를 실천하고, 자녀세대에게는 효의 의미를 전승시키는 교육프로젝트를 병행했다. 효사랑 온라인 시스템인 '팸피아'를 개발하고, 전국 초등학교에서 사용 가능한 '효사랑 생활' 인정 교과서를 개발하여 전국에 보급하는 등 활발한 효사랑 실천 운동을 전개했다.

또한 효사랑 브랜드 협약을 맺은 기업과 공동마케팅(co - marketing)
을 통해서 수익금의 일부를 독거노인과 도움을 필요로 하는 구민들
에게 환원했다. 보건소를 비롯한 사회복지 업무의 모든 정책에 효사
랑의 정신을 녹여 내는 방식으로 모든 구정에 효사랑이 녹아나도록
했다.

보이는 실체만이 아니라, 보이지 않는 무형의 것이라고 하더라도
이를 브랜드화하면 그 가치는 더욱 돋보이게 된다. 이제 무형의 정
책도 자신만의 브랜드를 입히고, 구별 짓기를 해야 통할 수 있다. 첨
단산업사회로 치닫고 있는 현대사회에서 남루하기 짝이 없는 옛 가
치인 효가 인류 공통의 정신적 가치인 '사랑'과 결합하여 '멋진 모
습'으로 태어날 수 있었듯이 말이다. 효사랑 남구 하면 전혀 어색함
이 없고, 붉은색 옷으로 상징되는 부모세대와 초록색 옷으로 상징되
는 청소년 세대 간에 상호존중을 형상화한 효사랑의 엠블럼은 남구
곳곳의 조형물과 가로등에서까지 만날 수 있을 만큼 남구의 또 다른
이름이 되었다. 101,590㎡에 달하는 전국 최대 규모의 노인건강타운
이 남구의 노대동 일대에 들어서 효사랑 브랜드 남구만의 랜드마크
로 자리한 것도 우연이 아닐 것이다.

2000년 이후 정책을 브랜드화하는 시도는 곳곳에서 찾아볼 수 있
다. 참여정부시절의 저출산고령화 대책에 붙인 '새로마지', 기획예산
처 예산낭비신고센터 '세바로', 특허청 특허시스템의 '특허路', 국가
청렴위의 '클린웨이브', 산림청의 '숲에 ON' 등은 정부가 만든 대표
적인 정책브랜드로 기억된다. 공공기관에서도 브랜드 명칭 공모와
같은 국민 아이디어 모으기 행사가 열리고, 홈스테이의 명칭을 새롭
게 하고, 관광정책의 이름을 새롭게 붙이고, 의료보험 서비스 정책에

이름을 붙이는 것이 그것들이다.

하지만 진정한 브랜드화는 단순히 기발한 이름을 붙여 놓는 것에서 그치는 것이 아니라, 국민들 속으로 파고 들어갈 때 진정으로 의미가 있는 것이다. 김춘수 님의 꽃이라는 시처럼 내가 그의 이름을 불러 주기 전에 그는 다만 하나의 몸짓에 지나지 않는다. 정책에 혼을 불어넣는 홍보, 이것이 진정한 의미의 정책 브랜드 PR이다.

3. 정책 PR의 해법, '기획'과 '관계성'

▌'홍보'에 대한 오해 'PR'로 풀기

"누가 홍보와 광고의 차이를 말해 보지?"

신문방송학과에 입학한 이후 처음으로 광고와 홍보를 접했던 한 강의시간에 교수님이 던진 질문이었다. 광고는 'BUY ME', 홍보는 'LOVE ME', 이것이 정답이었다. 아마도 이것이 홍보와 광고에 대한 대중적인 인식이자 이해일 것이다. 20년이 지난 지금도 홍보에 대한 대중적인 인식에는 큰 변화가 없어 보인다.

'弘報'를 말 그대로 해석하면 '널리 알린다'는 의미다. 이 짧은 말 속에는 널리 알리고 싶은 누군가가 주인이 되어 언제, 어떻게, 무엇을, 어떤 방법으로, 왜 알릴 것인지를 결정한다는 의미를 내포하고 있다. 홍보란 말에서는 관계성을 찾는 것이 무색하다. 매우 일방적이다. 그러다 보니 오해 또한 많다. 홍보에 대한 일반의 이미지는 긍정적이기보다는 오히려 부정적이다. "날 좀 사랑해 줘."하며 구애작전을 펼치기 위해서는 사실을 보다 과장해서 말하고, 예쁘게 채색하여 포장하는 것이 마치 홍보인 것으로 생각된다.

美 전문학술지의 **PR**에 대한 이미지 조사결과에서도 홍보는 정보 조작, 왜곡, 스핀닥터, 사기 등과 같은 부정적 이미지가 압도하는 것으로 나타난다. 홍보라고 하면 "사실을 왜곡하여 침소봉대하는 것이

다.”는 인식이 대중의 머릿속을 차지하고 있는 게 현실이다. 홍보의 역사적 배경을 들여다보면 대중의 이 같은 인식도 크게 탓할 게 못 된다. 홍보가 여론의 조작을 통한 정치적 선전에서 비롯되었기 때문이다.

홍보를 학문으로 전공하고, 현장에서 홍보 실무가로 활동하면서 가장 큰 애로 중 하나는 홍보에 대한 이 같은 세상의 편견과 싸우는 것이다. 아마도 훌륭한 많은 PR인들이 스스로의 직업에 대한 홍보를 게을리한 때문은 아닐까 하고 자문해 본다. 실은 이런 생각이 이론과 실무를 오가는 PR인으로서의 작은 생각을 정리해 보는 동기를 부여했다.

학문으로 홍보를 선택하고 그것을 업으로 삼은 지금 홍보에 대한 철학이 있다면 홍보도 사실성을 생명으로 하는 저널리즘만큼이나 ‘팩트(fact)’와 ‘진실성’에 생명을 걸어야 한다는 생각이다. 홍보의 역할은 팩트를 100% 알리는 데 있지 이것을 120% 혹은 그 이상으로 뻥튀기하고 과장하는 데 있지 않다. 아직은 일천한 경험이지만 이러한 철칙을 지키면서 홍보를 하다 보면 그 홍보 프로젝트는 꼭 성공으로 화답을 해 왔다. 그러면서도 홍보 담당자들이 잊지 말아야 할 것이 있다. 홍보는 일방적인 것이 아니란 점이다. 홍보는 무조건 널리 알리기만 하면 되는 게 아니다. 윤리가 필요하고 예의가 있어야 한다. 알리는 대상, 즉 공중에 대한 예의와 애정이 필요하다.

홍보에 관심 있는 사람이라면 인터넷에서 한 번쯤 검색어로 ‘홍보’를 검색해 본 적이 있을 것이다. 검색결과는 어떠한가? 스페셜링크, 비즈링크 등 각종 비즈니스 사이트들이 상위에 랭크되어 이미지가 흐려진다. 이에 반해 PR이란 단어를 검색하면 그 품격이 달라진다.

용어가 달라지면 느낌도 달라질 수 있다. 대중의 생각도 바뀌게 할 수 있다. 홍보는 미국인들이 말하는 **PR**(public relations)이기 때문이다. 홍보란 조직 일방적인 용어 속에는 공중에 대한 예의가 없다. 하지만, **PR**이란 용어에는 공중이 주인이다. 일방적인 의미의 '홍보'란 용어를 대신하여 공중을 살려 낼 수 있는 새로운 한국적 용어에 대한 고민이 필요하다.

설득의 전문가인 홍보전문가들이 그동안 조직의 이미지를 바꾸기 위해 쏟아 왔던 노력의 일부만 자신이 속한 업계를 위해서 투자한다면 정말 멋진 대안적인 용어의 탄생을 기대해 볼 수 있을 것이다.

짝퉁 공무원의 생생한 **PR** 이야기

▌ 정책홍보, 반숙보다는 완숙이 더 맛있다

'ACCURACY, ACCURACY, ACCURACY'

미국의 한 신문사에 걸린 슬로건이다. 언론의 역할과 임무 중 정확성을 제일로 친 것이다. 신문의 뉴스만큼이나 정책을 홍보하는 데 있어서도 이 정확성은 생명이라는 것이 평소의 지론이다.

일명 'ACCURACY PR'은 길지 않은 정책 홍보현장을 경험하면서 얻은 깨달음이기도 하다. 흔히 정확성은 뉴스에서만 중요한 것으로 생각된다. 하지만 홍보에서도 그 못지않게 중요하다. 그것이 정책을 알리는 PR에서는 더욱이 그러하다. 자칫 홍보를 선전이나, 사실의 과대 포장쯤으로 치부하는 사람들에게 'ACCURACY'를 강조하는 것이 억지스러워 보일지도 모른다.

하지만 정책홍보 현업에 뛰어들면서 'ACCURACY PR'에 대한 소신이 더욱 확고해졌다. 'ACCURACY PR'의 중요성을 실감 나게 체험했던 것은 정책홍보현장에 첫발을 디뎠던 국무조정실에서 홍보전문위원으로 일할 때다. 국가균형발전차원에서 시행된 국토서남권 개발사업을 홍보하는 것이 미션이었고, 정책홍보에 대한 가치관을 형성하는 데 중대한 영향을 미친 한 사람을 만났다.

행정공무원 20년 경력의 L국장이다. 정책을 다루는 PR인으로서 정확성이 얼마나 중요한 가치를 지니고 있는지를 알려 주신 분이다. '서남권특별법'의 당위성을 설명하는 국회의원 대상 정책홍보자료를 만들면서 감내하기 힘들 정도로 꼼꼼하게 표현 하나하나를 지적하면서 수정하고 또 살펴 '정확한 정보'를 전달하는 문장으로 다듬도록 지시를 받았다. 당시에는 L국장의 이런 지적이 '신입 길들이기'를 위한 참견으로 받아들여져서 상당한 스트레스를 받았던 것이 사실이다. 하지만 L국장의 지도 덕분에 정책을 다루는 홍보인의 자세를 배울 수 있었다.

문맥의 전후 관계까지를 살피면서 단열 나열의 말미에 '~등'을 즐겨 쓰는 것에 대해 항상 불만 아닌 불만으로 "국장님은 정말로 '~등'을 좋아하시네요." 하고 말했더니, "그것이 다 필요한 겁니다." 한 템보 빨리 가기보다는 한 템보 늦추면서도 정확하게 가는 것이 중요하다는 나름의 모토를 갖고 계셨던 L국장의 숨은 뜻을 한참이 지나서야 알게 되었다. 그리고 결과를 놓고 보면 L국장의 판단이 옳았다.

성급하게 익기도 전에 메시지를 내놓기보다는 정확한 검토를 통해서 완숙된 메시지를 국민들에게 내놓아야만 정책홍보로 인한 피해를 최소화할 수 있기 때문이다. 정확성을 상실한 공공기관의 홍보는 실(失)이 너무도 크다. 우선 신뢰성 있는 정부기관으로서의 이미지가 훼손된다. 국민들로부터 신뢰성을 상실한 정부기관은 국정운영에서 매우 치명적인 결과를 가져올 수도 있다. 좋은 정책을 만들어 놓고도 잘못된 정보 전달로 인해 국민들로부터 오해를 받을 수도 있으며, 자칫 일을 그르칠 수도 있다. 또 하나 기억해야 할 중요한 것은 정책은 모든 국민의 이해를 다루는 것이며, 부정확한 정책으로 인해 피해를 당하는 것도 바로 국민이란 사실이다. 그 사실을 한참이 지난 후에야 알았다. 그것이 바로 20년 행정경륜의 차이였던 것이다. 뒤 늦게나마 L국장에게 참으로 감사하다는 말을 전하고 싶다. 정책을 다루는 홍보 담당자의 길을 가는 데 방향을 잡아 주었던 나침반과도 같은 사건이었다.

PR은 고도의 기획이다

"미국 PR의 토마스 에디슨"(시사주간지 TIME)

"20세기 가장 영향력 있는 미국인 100인 중 한 사람"(LIFE)

"PR의 새벽을 연 천부적 기질의 PR인"(PR역사학자)

PR에 조금만 관심 있는 사람이라면 이쯤 설명하면 그가 누구인지를 금방 알아차릴 수 있을 것이다. 이 모두가 미국 현대 PR의 아버지 에드워드 버네이즈(Edward Bernays, 1891~1995)에게 따라다니는 수식어들이다. PR산업이 과장을 일삼았던 비윤리적인 시절에 태어나 미국 PR 전문인 자격제도를 확립하면서 PR산업을 존경받는 직업 반열에 끌어올린 장본인이자 PR 분야에서 이러한 업적이 인정되어 '미국 PR의 아버지'란 칭호를 받고 있다.

지금까지도 언론에 뉴스로 보도되게 하는 것이 주업인 공보(publicity) 중심의 언론홍보가 성행하면서 우리는 마치 그것이 홍보의 전부인 것처럼 생각한다. 하지만 공보업무는 PR의 일부분에 불과하다. PR은 고도의 커뮤니케이션 기술을 필요로 하는 '설득 과학'의 백미다. 따라서 고도의 '기획'을 필요로 하는 작업이다. 버네이즈가 이 분야에서 세계적인 명성으로 추앙받는 이유가 바로 여기에 있다.

20세기 산업화가 진전되면서 미국인들의 식생활에는 큰 변화가 생겼다. 햄과 베이컨으로 거창한 아침식사를 즐기던 미국인들이 간단한 주스와 커피로 대신하면서 베이컨의 판매가 둔화된 것이다. 위기를 느낀 미국의 대형 베이컨 생산업체인 비치닛 패킹사(Beechnut Packing Company)는 감소된 베이컨의 판매복구를 위해 당시 PR전문가로 이름을 떨치던 버네이즈를 기용했다.

다른 베이컨 생산업체의 시장을 빼앗는 것은 별 의미가 없다고 판단한 그는 미국인들의 식습관 자체를 바꾸는 PR프로그램에 돌입한다. 우선 뉴욕의 저명한 의사들을 설득하여 아침식사를 든든히 하는 것과 가볍게 대충 때우는 것 중 어떤 것이 건강에 좋은지에 대한 설문조사를 의뢰했다. 조사결과 아침식사를 든든히 하는 것이 좋다는 쪽이 우세했고, 그 결과는 언론을 통해 자연스럽게 알려졌다. 많은 미국인들이 의사들의 충고에 따르기 시작했다. 든든한 아침식사의 대명사인 '베이컨과 달걀'이 다시 미국인의 아침식탁에 오르기 시작했고, 미국 사전에 이들 두 식품이 대표적인 아침 음식으로 등재되었다.

버네이즈는 베이컨을 판매하기 위해 기용되었지만, 제품 자체보다는 근본적으로 완전히 새로운 생활양식을 만들어 냈고, 그것을 판매한 셈이다. 그의 PR에는 늘 현실에 대한 조사가 따르고 이를 해결하기 위한 현실적 방안이 있다. 언론이 관심을 가질 수밖에 없는 기발한 소재를 발굴하여 소스를 제공하고 그것이 자가 발전되어 대중에 영향을 미치도록 했다. 그의 PR은 여기서 그치지 않는다.

흡연시장을 여성으로까지 확대한 아메리칸 토바코사의 '자유의 횃불' 프로젝트, GE사를 미국 최고의 기업으로 이끈 에디슨 전기발명 50주년 기념 '빛의 황금 축제', 'P&G사의 아이보리 비누를 미국 국민비누로 탄생', '냉철한 정치인 쿨리지를 백악관의 주인으로 바꾼 선거전략' 등등 놀라운 성공신화를 일궈 냈다. 이들 **PR** 프로젝트 뒤에는 모두 버네이즈식의 놀라운 기획이 숨겨져 있었다. 그럼 버네이즈의 놀라운 기획 속으로 잠깐 들어가 보자.

짝퉁 공무원의 생생한 PR 이야기

▌P나게 R리는 것이 능사는 아니다

1929년 10월 21일

1분간 전 세계에 칠흑 같은 어둠이 내렸다.

82세의 노인 에디슨이 50년 전 전구발명의 순간을 재현했다. "빛이 있으라."는 에디슨의 멘트와 함께 세상은 밝아진다. 이 극적인 광경은 미국의 전국권역 방송인 NBC를 통해 전 세계의 수백만 청취자들에게 생중계되었다.

이 장면은 PR 역사에서 가장 기발하고 뛰어난 행사로 평가받고 있는 에디슨의 전기 발명 50주년을 기념해 버네이즈가 기획한 '빛의 황금 축제(Light's Golden Jubilee)'의 하이라이트였다.

빛의 황금 축제는 구약성서의 창세기 중 천지 창조 편에 나오는 '빛(light)', 모든 사람들이 원하는 황금(gold), 경축(jubilee)의 세 가지 의미를 담았다. 공식 후원사는 포드 자동차의 설립자 헨리 포드(Henry Ford, 30만 달러 후원)였고, GE도 행사 준비에 참여했다. GE는 자사의 이미지 상승을 위해 당대 최고의 PR 기획자였던 버네이즈를 고용했다.

버네이즈는 당시 미국의 후버 대통령에게 준비위원장직을 맡기면서 캠페인에 더욱 힘을 싣는다. 그는 헨리 포드의 지원하에 유명 인

사나 정부기관, 외국과의 협조를 얻어 냈고, 미국 전역에 행사조직위
원회를 설립했다. 또한 행사 당일을 휴일로 지정하는 데 성공하고,
전 세계의 전기가 1분 동안 꺼졌다가 켜지는 이벤트를 진행한다. 체
신부 장관을 설득하여 기념우표도 발행했다.

빛의 황금 축제 6개월 전부터는 발명왕 에디슨과 전기의 역사에
대한 이야기를 후버 대통령이나 헨리 포드의 이름으로 각 언론사에
배포하여, 퍼블리시티의 위력을 다시금 보여 주기 시작했다. 빛의 황
금 축제를 전후하여 '다이아몬드 축제(diamond Jubilee)'와 같이 빛
을 연상시키는 유사 이벤트를 개최하여 미국 전역에 축제의 붐을 일
으켰다.

1929년 10월 21일 드디어 본 행사가 시작되었다.

하버트 후버 대통령 내외, 마리 퀴리, 록펠러 주니어, 비행기를 발
명한 오빌 라이트, JP 모건 등 당대 저명인사들이 대거 참석한 가운
데 100만 명 이상이 퍼레이드에 운집했다.

에디슨의 뉴저지 실험실 2층에 82세의 에디슨이 나타나면서 축제
는 절정을 이룬다. 전기회사들이 빛의 탄생을 기념하기 위해 1분간
전기를 차단했다. 칠흑같이 깜깜한 가운데 에디슨은 유명 인사들에
게 둘러싸여 50년 전 발명했던 전구를 앞에 두고 전기발명의 역사적
순간을 재연해 냈다.

1920년대 미국 PR업계를 주름잡았던 기획자 버네이즈는 '빛의 황
금 축제'를 통해 에디슨과 미국, 그리고 GE사를 세계에 빛냈다. PR
현업자들은 "피나게 알리는 것이 PR"이라고 말하곤 한다. 그러나 P
나게만 R리지 말고 영리하게 알려라. 그것이 버네이즈의 PR기획이
던져 주는 의미일 것이다.

미국의 제30대 대통령 쿨리지(Calvin Coolidge).

그는 참으로 행운아였다. 2009년 1월 미국의 대통령에 취임한 버락 오바마까지 44명의 대통령을 배출한 미국 백악관 역사에서 부통령이 대통령직을 승계한 사례는 6차례에 불과한데, 그는 그 주인공 중 한 사람이다. 1923년 8월 3일 새벽 2시 30분, 쿨리지는 고향인 버몬트 방문 중에 자신이 대통령이 되었다는 뜻밖의 소식을 듣게 된다.

1923년 워렌 하딩 대통령의 임기 중 사망으로 당시 부통령이던 쿨리지가 1년간 대통령직을 승계했고, 1924년 대선은 그에게 매우 중요한 정치적 순간이었다. 쿨리지의 선거 캠프는 고심했고, "기업과 정치가 같을 수 없다."는 반대에도 불구하고 당대의 홍보전문가 버네이즈를 캠페인에 합류시킨다.

버네이즈는 쿨리지를 위해 2가지 전략을 실행했다. 첫째는 초당파 연맹의 부각을 통한 지지자 확충, 초당파연맹이란 당시 민주당원이 었던 왈도가 공화당원인 쿨리지를 후원하기 위해 만든 정치모임으로 당과 상관없이 지지하는 정치인을 후원하는 당시로서는 흔하지 않은 정치 형태다. 하지만 초당파연맹에 대한 국민들의 반응은 신통치 않았다.

문제는 그의 이미지에 있었다. 딱딱한 표정, 차가운 눈매, 굳게 다문 입술은 쿨리지의 트레이드마크. 두 번째 특명은 쿨리지의 이미지를 개선하라. 대중에게 호감 가는 인상으로 바꾸기 위한 버네이즈의 마술이 시작되었다. 쿨리지 후원을 위해 백악관 대연회가 기획됐고, 여기에는 대중적 친밀도가 높은 당대 최고 가수 알 존슨을 비롯한 연예인들을 대거 초대했다. 그리고 이 자리에서 쿨리지의 굳은 표정이 환한 미소로 바뀌었다. 언론들은 일제히 '쿨리지가 웃었다'는 기사를 쏟아 냈고, 국민들은 쿨리지의 새로운 면모에 친근감을 갖게 되었다.

이때부터 시작된 PI(president identify)는 현재까지도 널리 사용되고 있다. 록 스타를 연상케 하는 헤어스타일로 보수적 자민당의 이미지를 탈피한 일본의 고이즈미 수상, 캐주얼 복장에 색소폰을 부는 모습으로 친근감을 높인 클린턴 대통령, 기타 치며 노래하는 모습으로 젊은 층의 지지를 이끌어 낸 노무현 前 대통령에 이르기까지 정치인에게 이미지는 결정적 변수가 되기도 한다. 현재 이명박 대통령은 필드형 PI를 통해 현장에서 뛰는 활동적인 이미지 전략을 가져가고 있다.

홍보는 기업에서만이 아니라 정치, 정부 등 공공 영역에서도 점차 중요한 커뮤니케이션 수단으로 인식되고 있다. 모든 홍보의 중심에는 탁월한 문제인식과 기획이 수반되어야만 성공할 수 있다. 그것이 버네이즈의 성공 사례를 통해서 PR인들이 배울 점이다.

▌덕산스파는 아는데 예산군은 잘……

브랜드라고 하는 게 참으로 무섭다. 아니, 사람들의 인식이 무섭다는 말이 더 옳겠다. 2009년 연말 예산군청에서 귀한 손님 두 분이 광주광역시를 방문했다. 블로그스피어에서 성공적인 지방자치단체 블로그로 평가받고 있는 광주광역시의 '빛이 드는 창, 이야기가 흐른다'(이하 빛창)에 대한 벤치마킹을 위해서였다. 많은 지방자치단체들이 새로운 홍보 방법과 혁신에 주목하면서 너도나도 할 것 없이 블로그 개설을 시도하고 있다.

하지만, 정작 블로그라고 하는 매체를 제대로 이해하지 못한 상태에서 운영하다가 실패를 자초하는 경우를 보고는 한다. 오히려 시작하지 않은 것만 못한 낭패를 가져오는 경우도 있다.

블로그는 그동안 정부기관들이 통상적으로 운영해 왔던 홈페이지와는 본질적으로 다른 매체다. 자유게시판과 같은 제한적인 네티즌 참여가 허용되는 홈페이지와 달리, 블로그는 방명록, 댓글, 트랙백, RSS 기능을 갖춘 매우 활발한 대화형 매체이기 때문이다. 달리 말하면 블로그 운영은 쌍방향 소통에 대한 확실한 인식 전환이 뒤따라야 성공할 수 있다. 광주광역시의 도시 블로그 빛창을 1년 이상 운영하면서 늘 되새겨지는 생각이다. 이웃 블로거들과의 무언의 약속을 지키고(일일 1 포스팅 원칙, 댓글에 답하기 등), 생생한 대화적 소통에 동참하면서 함께 공감하겠다는 의지가 없다면 블로그는 애초에 시도하지 않는 것이 낫다. 애물단지로 전락하기 쉽기 때문이다.

대화적 소통 대신에 일방적인 보도 자료와 정책 자료를 올리는 것으로 만족할 생각이라면, 기존의 공보 관리와 다를 바 없기 때문이다. 많은 정부기관들이 이를 피하기 위한 첫 번째 방법으로 나보다 먼저 시작한 모델을 벤치마킹하는 방법을 선택한다. 빛창 역시 마찬가지였다. 하지만 빛창은 정부기관의 블로그를 모델로 삼지 않았다. 오히려, 공공기관의 블로그는 피하고 메타 블로그계에서 왕성하게 활동하고 있는 개인 파워 블로그들을 모델로 삼았다. 블로그의 기초는 개인이기 때문이다. 그 출발은 지금도 옳았다고 생각한다.

빛창이 1년 이상 성공적으로 운영되고 있다는 소문이 확산되면서, 적지 않은 지방자치단체들이 벤치마킹을 하기 위해 광주광역시를 찾아왔다. 광역과 기초자치단체를 가리지 않고.

광주광역시의 빛창이 벤치마킹의 대상이 될 만큼 성장했다는 것에 우선 감사하게 생각한다. 빛창이 생겨난 배경, 블로그 홍보를 정책화한 과정(조례제정 등 블로그 운영의 명문화), 운영 및 활용 등에 대한 이런저런 이야기가 오가고, 2009년 9월 빛창 블로그 1주년 기념으로 제작한 빛창 블로그 포스팅을 엮은 에세이집과 '아름다운 광주'라는 타이틀의 엽서를 선물로 건넸다.

그러면서 예산군은 서남권 끄트머리에 있는 우리에게 조금 생소해서 그러는데 유명한 것이 뭐가 있느냐고 물었다. "추사 김정희의 고택, 덕산스파, 수덕사 등등……" 이름만 들어도 쉽게 알 수 있는 것들이 줄줄 나온다. 그리고 지역특산물로 사과가 유명하단다. 예산 사

짝퉁 공무원의 생생한 PR 이야기

과가 좋아서인지 오신 두 분의 손님 모두 얼짱 피부미인이었다. 요즘 물놀이를 위해서 많이 가는 덕산스파는 도란도란 앉아 이야기 나누던 모든 사람들이 알고 있는 랜드마크였으나, 예산군에 소재하고 있다는 사실은 모두가 처음 아는 눈치였다. 덕산이란 곳이 예산군의 한 면소재지라는 사실도 새롭게 알았다. 추사 김정희 선생의 고택이 있다는 것도 말이다.

사람들의 인식에 어떤 사실을 넣어 주느냐가 그만큼 중요하다. 짧은 대화는 새삼 홍보 콘텐츠의 중요성을 되새겨 보게 되었다. 특히 가 보지 못한 장소에 대한, 경험해 보지 못한 상품과 서비스, 즉 새 것들은 이미지가 크게 한몫할 수밖에 없다는 사실을 새삼 확인했다.

광역자치단체와 달리 기초자치단체에서는 대부분 지역의 특산물들이 있다. 예산의 경우는 사과, 해남은 고구마, 완도는 전복 등등 광주의 빛창이 광주의 도시이미지를 위해 활동하는 블로그라면, 예산과 같은 기초자치단체는 사과를 주요 테마로 엮은 쇼핑몰 기능까지 할 수 있는 사과 메타 블로그를 만들어 보면 어떻겠냐는 조언을 하면서 1시간여의 짧은 만남을 접었다.

블로그를 활용한 정부기관의 홍보는 교과서에서 배웠던 그루닉과 헌트의 PR의 4모델 중 가장 진화한 상호이해모델(Two-way Symmetrical Model)에 해당한다. 그만큼 쌍방지향의 소통마인드를 갖춰야 한다는 의미다. PR이 언론대행 역할을 했던 1세대나, 공중에게 정보를 주라고 주장했던 공공정보모델, 과학적 설득모델보다 진화한 차세대 PR 모형이다.

블로그는 커뮤니케이션이 조직과 공중 간에 쌍방향으로 흐른다고 하는 전제와 이에 대한 실행이 없다면 어렵다. 또한 무엇을 말할 것인지, 즉 블로그를 통해서 만들고 싶은 이미지 혹은 브랜드가 무엇인지에 대한 치열한 고민을 선행해야 한다.

쌍방향성의 구현을 통해 공중과의 직접 말하기를 시도할 수 있는 블로그야말로 진정한 **PR** 매체라고 생각된다. 블로그를 소셜미디어라고 하는데, 그 이유는 바로 네트워크를 통한 관계성 매체이기 때문이다. 쌍방향 소통이야말로 관계형성의 첫 걸음이다. 홍보담당자는 블로그라는 매체 선택이전에 '관계성'을 생각해야 한다.

▌통합적 마케팅 시대, 핵심은 '공중'

마케팅학자 슐츠는 21세기 마켓플레이스는 시장보다는 고객의 중요성에 대한 인식이 커지면서 소비자가 주문하는 제품으로 시장이 채워지고 소비자가 시장에 대한 통제력을 갖게 될 것이라고 예측했다. 21세기 시장은 정보와 커뮤니케이션 매체기술의 발전을 통해 마케팅 개념과 접근방법에 대한 새로운 시각을 갖도록 요구한다. 정보기술의 급속한 발전에 따라 변화하는 시장상황을 크게 3가지, 즉 과거의 시장(historical marketplace)에서 현재의 시장(current marketplace), 그리고 21세기형의 시장(21C marketplace)으로 진화하고 있다고 지적하면서 기업들이 마케팅 대응 전략으로 "Marketing Diagonal"을 활용할 것을 제안했다.

특히 마케터에 의한 시장통제방식이 채널과 소비자에 의한 시장통제로 전환되면서 21세기 마케팅은 현재 시장상황과는 극적으로 다른 21세기적 상황이 연출되고 있다. 미국을 중심으로 발전되어 온 기존의 마케팅개념은 ① 마케팅(marketing/제조업중심의 경제), ② 유통(distribution/소매유통기반의 확보), ③ 소통(communication/대량소비 촉진 가능한 커뮤니케이션 시스템의 확보)이라는 3가지 요소에 의해 결정되었다. 그러나 기존마케팅 개념을 형성하는 주요 요인이었던 이들 3가지 요소에 변화가 일어났다. 이제는 제조업중심 경제에서 다품종소량생산방식의 정보/서비스중심 시대로 전환되고 있으며, 소매유통기반은 인터넷에 의해 급격하게 무너지고 있으며, 대중매체의 시대에서 뉴미디어의 시대로 접어들면서 마케팅 방식에도 극적인 변화가 일어났다.

이제 21세기형 시장에서 중요한 것은 다름 아닌 '고객'이다. 따라서 모든 PR활동의 중심도 바로 고객으로부터 시작해야 한다. 마케팅의 고전으로 인식되던 4P의 시대에서 이제는 4C의 시대가 새롭게 전개되었다.[1] 소비자(consumer)를 먼저 생각하고 제품은 잠시 잊어라. 소비자가 무엇을 원하고 필요로 하는지를 연구하라. 당신이 만들어 낸 것이 무조건 팔리던 시대는 끝났다. 오직 누군가가 사기를 원하는 것만을 팔 수 있는 시대다. 소비자에게 발생하는 비용(cost)의 개념을 먼저 염두에 둬라. 가격을 잊어라. 소비자가 원하거나 필요로 하는 것을 충족시키기 위해 그들이 치르는 총비용을 이해해야 한다. 구매 장소는 잊어라. 구매의 편리성(convenience)을 고려하라. 판촉활동(promotion)이라는 말을 잊어라. 1990년대 이후의 새로운 용어는 커뮤니케이션이다.

홍보의 목표는 조직이 목표로 하는 '고객'과의 관계성을 향상시키는 데 있다. 바로 우호적인 관계, 상호 이해할 수 있는 긍정적인 관계를 형성하는 것이 기본이고, 이를 위해서는 서로 간의 균형적인 소통과 신뢰, 그리고 만족감을 주면서 다소 손해를 보는 한이 있더라도 한껏 헌신할 수 있는 사이로 발전시켜 가는 것이다. 정부조직

---

1) 마케팅의 4요소 4P는 product, price, place, promotion인데 이들 4가지 요소가 customer, cost, convenience, communication 등 4C로 전환 중이다.

짝통 공무원의 생생한 PR 이야기

이나 공공조직의 고객은 국민, 시민이다. 특히 기업보다도 공공영역
의 홍보실무가들이 가장 염두에 두어야 할 핵심적인 용어는 조직과
공중 간의 현재 상태를 알려 주는 척도인 '관계성'이다.

▌'관계성'이어야 하는 이유

관계성, 우리말이라기보다는 영어의 'relationships'를 학술적인 용어로 푼 전문용어다. PR은 Public Relations, 즉 공중관계를 의미한다. PR에 대한 정의는 그동안 PR활동의 내용(what it does)을 중심으로 정의되어 왔다. 그러나 관계성 개념의 도입은 PR을 존재 그 자체(what it is)로 정의하려는 새로운 패러다임이다. PR의 본질적인 목적과 목표를 염두에 두고 정의하자는 것이다. 조직과 공중의 관계를 증진하는 것이 PR의 목표라면 실체는 관계성이 되어야 한다는 것을 뜻한다. 관계성은 홍보를 실행하고자 하는 조직이 장기적인 관점에서 지속적인 커뮤니케이션 활동을 펼친 결과 그 조직과 핵심적 공중(key public) 사이에 형성되어 있는 관계의 현재 상태로 정의된다. 1980년대 미국 PR 학계에서 주목하기 시작한 관계성이론은 그동안 수단으로 생각했던 PR에 대한 생각을 바꾸는 전환점을 제공했다.

관계성은 둘 사이에 형성된 상호통제성, 상호신뢰성, 상호만족감, 상호헌신성과 같은 하위의 개념들을 통해 얼마나 좋은 관계이냐를 판가름한다. 우리가 흔히 이야기하여 저 그룹의 사람들은 '우호적이야 혹은 비우호적이야, 잘 모르겠어.' 하는 식으로 공중을 분류하는데, 우호적 공중과 조직 간에 형성된 관계의 본질은 서로 균형감을 유지한 수평적인 관계에서 상호 신뢰하고, 서로에 대한 만족감과 상호 도와주고자 하는 헌신성이 높은 관계를 의미한다.

개인적으로 PR은 조직과 공중이 서로 애인관계로 발전해 가는 과정이라고 생각한다. 서로를 너무나 잘 알고, 이해하기 때문에 약간의 실수를 하더라도 오히려 감싸 안아 줄 수 있는 관계, 이것이 PR 실무가들이 바라는 관계가 아닐까. 상호 간에 대화가 부족하면 서로를 제대로 이해할 수 없다. 조직의 PR 활동은 애인을 만들기 위해 다가서는 끊임없는 말 걸기이자 구애활동이다. 부드럽게 깊숙이 파고들어서 가슴에 아로새기는 진심을 다한 소통이 필요하다. 때로는 오랜 기다림과 인내를 필요로 하고, 때로는 감동적인 이벤트도 필요하다. 정공법으로 정면 승부를 보는 진실한 접근도 필요하며, 장점을 극대화하여 좋은 이미지를 만드는 것도 필요하다.

특히 공공조직에서 홍보의 역할은 정부와 국민(시민) 사이의 다리다. 가는 말이 고와야 오는 말이 곱다는 속담도 있듯이 정부가 국민을 향해 따뜻하고 정감 어린 말로 다가간다면 돌아오는 답도 험할 수 없다. 현장에서 소통을 담당하는 홍보전문가들은 진실을 담은 소통으로, 국민(시민)과의 두터운 관계성을 형성하고 더욱 강화해야 한다. 그러려면 먼저 국민을 따뜻한 시선으로 바라보는 애정이 필요하다. 1980년대 중반 '관계성 관리(relationships management)' 개념이 PR학계에 등장한 이후 2000년대까지 논의의 중심부를 벗어나지 않는 이유, 그것은 PR에서 '관계성'이 중요한 테마이자 현실성 있는 개념임을 보여 주는 증거다.

▌온오프라인 '댓글' 만들기

선물이라고 하는 것이 사람의 마음을 설레게 한다. 경북 경산의 농민 블로거 연근지기님으로부터 직접 재배한 귀한 연근이 도착했다. 광주시의 블로그 1주년을 기념하여 열린 정보문화포럼에서 만난 인연 덕분이었다. 블로그를 매개로 하여 처음 받은 선물이라서 미묘한 느낌마저 들었다. 정보문화포럼 개최 이후 또 하나의 선물은 엽서였다. 마침 때가 가을이라, 가을 하면 생각나는 것이 편지, 가을비, 가을 남자 뭐 이런 것들이다. 센티멘털해지기 좋은 계절 그래서 낭만을 즐겼던 70, 80세대들은 편지를 즐겨 썼다. 물론 당시에는 이메일이 없었으니, 아날로그적 매체가 발달할 수밖에 없었을 것이다. 인터넷과 이메일이 발달하면서 아날로그적인 편지를 대체해 갔지만, 그래도 우편으로 받아 보는 편지는 그 어디에도 비할 수 없는 기쁨을 주었다.

2009년 9월 광주에서 개최한 12회 정보문화포럼을 마치고 돌아간 정보화진흥원(NIA)의 김민 선생님으로부터 엽서 한 장을 받았다. 그 엽서는 광주시가 도시홍보를 위해서 제작한 '아름다운 광주'라는 타이틀의 엽서였다. 광주를 방문한 외부 손님들을 위해서 선물용으로 제작한 엽서인데, 바로 그 엽서가 다시 돌아온 터라 감회가 남달랐

짝퉁 공무원의 생생한 PR 이야기

다. 집 나간 자식이 돌아온 반가움과 기쁨이랄까.

내용을 살짝 소개하면 다음과 같다.

한 조직의 PR 담당자들이 염두에 두어야 할 중요한 것 중 하나는 작은 관계맺음도 소중하게 관리하는 것이다. PR은 결국 일대일의 면 대면 인간관계를 조직과 공중으로 확대한 것에 불과하기 때문에 홍보를 이해하는 시작과 끝은 '대인관계'에 있다고 믿는다. 한 행사를 매개로 만난 두 사람으로부터 받은 가장 큰 선물은 '공중관계'라고 하는 PR의 본질을 다시 일깨울 수 있었다는 점이다. 어떤 인연과 매개를 통해서 만난 사람에게 자신의 존재감을 심어 주고 잊지 않게 하는 것, 바로 이것이 PR의 기본이 아닐까. 두 사람이 보낸 엽서와 연근은 업무적인 만남이었지만, 개인적인 유대로까지 전환되어 조직에 대한 이미지까지 긍정적으로 기억되게 만들었던 작은 추억이었다.

특히 PR인에게 인적 네트워크는 큰 힘이자 개인의 역량이 되기도 한다. 디지털적인 접근만이 아니라 따스한 사람냄새 나는 옛날 방식의 소소한 접근이지만, 그 사람에 대한 특별한 느낌을 오랫동안 간직할 수 있기 때문이다. 역시 사람 사는 맛은 디지털보다는 아날로그에 있는 듯하다.

갑과 을의 관계와 같은 법리적인 관계 맺기에 익숙한 공무원들에게 쌍방향 소통, 관계성 마인드 이것은 처음 입어 보는 옷처럼 어색하기 짝이 없게 느껴진다. 갑의 입장을 버리고 시민을 진정한 나의 고객으로 생각하는 마음과 발상의 전환이 있다면 PR적 사고의 가능성이 열릴 것이다. 이제 받지만 말고 먼저 보내 보자. 감사의 엽서도, 문자메시지도, 이메일도. 인간미를 더해서 말이다. 어느덧 공무원의 문화에 익숙해진 나 자신을 돌이켜 보게 했던 사건이었다.

피겨스케이트의 전설 미셸 콴과의 만남

광고에서 대중의 호감도와 주목도를 높이기 위해서 자주 사용하는 것이 유명인 활용 전략이다. 스타급의 연예인을 광고모델로 활용하면 그 스타의 이미지가 상품에 반영되어 긍정적 연상을 이끌어 광고효과를 배가시킬 수 있기 때문이다. 또한 스타가 가진 긍정적인 이미지를 자사 제품과 등식화할 수 있어 제품에 대한 긍정적인 연상효과를 높일 수도 있다. 사람이 훌륭한 매체인 것이다. 최근 1인 시위라는 방법으로 특정 기관 앞에서 항의하는 풍경을 자주 목격하게 된다. 이 역시 바로 사람이 강력한 매체라는 사실을 일깨워 주는 사례다.

홍보업무의 상당부분은 사람을 만나는 일과 관련되어 있다. 2010 밴쿠버동계올림픽에서 금메달을 목에 건 피겨의 여제 김연아 선수 덕분에 우리나라에서도 피겨 붐이 새롭게 일고 있는 가운데, 피겨 스케이트의 전설로 불리는 미셸 콴이 한국을 방문했다. 서울에서 연세대학교 학생들과의 대화, 유망 꿈나무 피겨선수들의 일일교사 등 다양한 활동 중에 하루 짬을 내어 광주에 방문한 미셸 콴을 만날 수 있었다.

1995년 현역 선수 생활을 은퇴하고, 대학에서 국제관계학을 전공하고 있다는 콴은 비교적 작고 아담한 키였지만 세계적인 스포츠 스타다운 포스가 느껴졌다. 광주에 대해서는 대한민국 민주화의 진원지 5·18 민주화운동과 2015하계유니버시아드대회의 개최지로 확정되었다는 사실, 그리고 비엔날레의 고장이라는 비교적 풍부한 사전 지식을 갖고 있었다.

이날 공식적인 광주일정은 5·18기념재단에서 광주지역 중고생 50여 명과 대화의 시간을 갖는 것으로 짜여 있었는데, 그에 앞서 1시간의 오찬 시간을 함께 보낼 수 있었다. 2015광주하계유니버시아드 관계자들과 만나 보고 싶다는 미셸 콴 측의 요청에 따른 것이었다. 광주의 한 전통한정식 식당에서 갖가지 김치와 홍어까지 곁들인 오찬을 나누었는데, 문화사절단다운 재치와 품위를 유지하면서 즐거운 대화의 시간을 가질 수 있었다.

미셸 콴을 보내고 난 이후 업자 근성이 발동하여 PR의 측면에서 미셸 콴의 광주 방문의 의미를 곰곰이 생각해 보았다. 콴은 美 국무부의 공공외교사절 자격으로 한국을 방문하였는데, 여기에는 미국 정부의 놀라운 세계 홍보 전략이 숨어 있었다. 스포츠 외교사절, 즉 사람을 이용한 미국의 문화홍보 전략이다. 스포츠, 문화 등 만국공통어를 활용하여 부드럽게 접근하여 깊은 인상을 남기겠다는 의도가 아닐까 생각해 본다. 세계적인 스포츠 스타를 민간 외교사절로 활용하여 미국의 부정적인 이미지를 유화시킬 수 있는 방안으로 활용하고 있다는 점이다.

문화 교류와 스포츠만큼 친밀감을 쉽게 느낄 수 있는 분야도 드물다는 점에서 민간외교사절을 활용한 미국의 대외 홍보전략은 부드럽지만 강하게 미국을 세계와 교류할 수 있는 아이디어란 점에서 평가받을 만하다고 본다. 문화를 활용한 부드러운 접근도 속을 들여다보면 '관계성' 개선을 염두에 둔 행위다. 2013년 광주하계유니버시아드 유치를 위해 함께 경쟁했던 러시아의 도시, 카잔 국립 오케스트라를 광주에 초청하여 문화적 교류를 쌓은 것도, 러시아의 유치 노하우를 노골적으로 전수받기보다는 문화로 물꼬를 튼 이후 관계 개선을 통해 보다 부드럽게 일을 풀어 가는 방법으로 활용되었다.

특히, 콴의 광주방문이 5·18의 상흔으로 인하여 미국에 대한 반대감정이 거센 광주지역에 대한 대사관의 특별한 배려가 작용한 것이 아니었을까도 생각해 본다. 이 두 가지 관점에서 보자면 콴의 광주방문은 그 자체로 의미있는 기획PR이다.

▍청국장 모임에서 발견한 희망소통

빛이 드는 창 이야기가 흐른다. 2009년 2월은 '빛창'에 기념비적인 날이었다. 신인 블로그에 불과했던 광주광역시의 도시홍보 블로그 빛창이 올블로그 대상에서 4개 분야의 대상을 수상했다. 2009년 3월 6일은 빛창의 수상을 기념하여 그동안 활동해 준 팀블로거들과 광주전남 블로거 모임의 블로거들과 조촐한 만남의 자리가 있었다.

필자 역시 빛창의 팀블로거 자격으로 자리를 같이했다. 블로그를 운영하는 사람이라면 한 번쯤은 도움을 받아 보았을 블로거팁닷컴의 운영자 zet, 도토리속 참나무라는 쇼핑몰 전문 블로거 mepay, 듬직한 희주, 꽃미남 마리화나, 귀염둥이 스노우올, 네이버 후드 최고의 블로거 애플 그리고 빛창에서 포스트로만 보았던 인간과 시사님 등을 직접 만날 수 있는 좋은 기회였다.

광주의 문화와 역사를 잔잔한 필치로 엮어 내었던 인간님과 야생화 블로그를 운영하면서 빛창에 풍경 사진을 포스트해 주던 시사님을 만난 것은 나에게 큰 파장을 일으켰다. 블로그에 쓴 포스트로는 전혀 짐작을 못 했는데, 블로그를 운영하기에는 다소 연령이 높은 분들이었기 때문이다. 시사님은 최근 눈이 좋지 않아서 모니터를 오래 보고 있어서는 안 되는 여건인데도 불구하고 빛창에 좋은 포스팅

짝퉁 공무원의 생생한 PR 이야기

을 남겨 준 열정의 블로거였다.

이 두 사람의 블로거가 소통을 즐기는 것을 보면서 어느 광고의 카피처럼 '나이는 거추장한 숫자에 불과한 것이로구나' 하는 생각이 절로 들었다. 마음을 열고, 누군가와 소통할 수 있는 사람이 그리 흔치 않으니 말이다. 이날 모임 장소를 청국장 집으로 한 것도 나름대로 의미가 있었다. 냄새 때문에 싫어하시는 사람들도 많이 있지만, 청국장은 오랜 시간을 끓일수록 더 구수해지고 참맛을 느낄 수 있는 발효음식이다.

빛창의 블로거 그리고 남도의 블로거들이 청국장처럼 진하고 오랜 관계를 맺어 보자는 의도다. 블로거 모임에 참석한 블로거들은 다들 제 역할에 충실했다. 미소천사 상쾌 발랄 애플님은 곧 오픈 예정인 초코 쿠키(완전 유기농으로 영양까지 풍부한)를 나눠 주었고, 블로그 운영 팁을 제공하고 있는 zet님은 이날의 거사를 역사에 길이 남기기 위해 열심히 사진을 찍었다. 그리고 자타 공인 진정한 꽃남 마리화나님을 남도 블로거 모임의 마스코트로 선정했다. 그날 처음 모임에 등장한 스노우올도 자기소개에서 총각이라고 밝혔다. 너무나 귀엽고 사랑스런 외모에 광주고등광기술원의 연구원 타이틀과 함께 스마트함이 묻어났다. 빛창, 그리고 남도 블로거의 청국장 같은 진한 정이 쌓이고 또 쌓여 가기를 기대한다.

처음 맡으면 다소 역하지만, 한 번 입에 배면 잘 바라지 않는 진한 청국장의 향기처럼 '관계성', 그것은 진할수록 구수한 참맛이 난다.

현장 PR의 승리를 위하여

내가 그의 이름을 불러 주기 전에는
그는 다만 하나의 몸짓에 지나지 않았다.
내가 그의 이름을 불러 주었을 때
그는 나에게로 와서 꽃이 되었다.

내가 그의 이름을 불러 준 것처럼
나의 이 빛깔과 향기에 알맞은
누가 나의 이름을 불러 다오.
그에게로 가서 나도 그의 꽃이 되고 싶다.

우리들은 모두 무엇이 되고 싶다.
나는 너에게 너는 나에게
잊히지 않는 하나의 의미가 되고 싶다.

누구에게나 익숙한 김춘수의 시, 「꽃」이다. 정책홍보 현장에 뛰어들어 PR을 업으로 삼아 일하면서, 대학원시절 공부했던 PR 이론들을 연결 짓는 적지 않은 시도를 해 보았다. 철저한 공중조사에 기초한 홍보계획의 수립, PR의 궁극적인 목표인 '우호적 관계성'을 강조한 관계성이론의 도입, 나보다는 제3자가 더 많은 영향을 받는다는 제3자 효과 등 객관적인 리서치와 이론적 토대하에서 현장의 홍보를 실천하려 노력했다. 하지만, 현장과 PR이론 사이에 아직은 이어지기 어려운 미완의 교각 부분이 있음을 느낄 때가 많다.

학창시절 입으로 되뇌었던 김춘수의 시는 PR현장에서 공중을 상대해야 하는 PR인에게 의미 있는 화두를 던진다. PR인들은 공중에게 잊히지 않는 하나의 의미를 만들기 위해 분투한다. 조직을 위해서 말이다. 치열하고 처절한 분투 속에서 그들이 내게로 와서 꽃이 되어 주기를 간구한다. 하지만, 우리에게 꽃으로 다가오기까지 참으로 많은 노력과 시간이 요구된다. 적잖은 시간을 공공영역에서 홍보 실무자로 일해 오면서 PR은 공중에게 특별한 관계를 만들고, 그들과 의미 있는 소통을 꿈꾸는 것이라는 믿음이 생겼다.

현장에서 PR을 담당하는 실무자라면 어느새 '홍보'와 'PR' 사이를 넘나들고 있는 자신을 발견하게 된다. 홍보와 PR은 같은 말이지만 다른 말이기도 하다. 앞에서도 여러 차례 언급했지만, 홍보는 조직 중심의 이해에 충실한 비교적 일방성이 강한 어휘라면, PR은 쌍방성을 내포하면서도 PR의 지향점이 관계성을 향상하는 것임을 분명히 하고 있다. 조직의 주 고객인 공중의 이해보다 조직의 이해를 우선시하는 홍보인으로 일할 것인가, 공중의 이해와 요구에 부응하는 PR인으로 살아갈 것인가는 스스로의 가치에 의해 결정할 문제다. 'PR'을 하든 '홍보'를 하든 우리는 공중에게 의미 있는 무엇이 되기 위해서 부단히 애쓴다. 현장 PR에 몸담고 있는 실무자들은 모두가 특별한 의미의 꽃을 만들고 싶어 한다. 다만 하나의 몸짓에 지나지 않았던 공중들의 이름을 하나씩 불러 주고 그들과 특별한 인연을 만들고 이를 통해 우호적인 관계성을 형성하는 것, 그것이 바로 PR의 지향점이라고 믿는다.

그래서 서로에게 쉽게 잊혀지지 않을 좋은 인연을 만들어 내는 일, 이것이 정작 우리 PR인들이 해야 할 일이다.

조직이 PR을 하는 궁극적인 목표는 여러 가지가 있을 수 있다. 제품이나 서비스를 생산하는 기업의 궁극적인 목적은 제품의 소비를 늘리는 것, 즉 마케팅 PR에 목적이 있다. 하지만, 공공조직의 지향점은 기업과 많이 다르다. 조직의 이익을 얻고자 하기보다는 공공조직의 서비스를 이용하는 공중의 이익을 극대화하는 것이 오히려 목표다. 그렇다면 공공 PR에서 답은 분명해진다. 답은 철저하게 공중 중심의 PR을 행하는 것이다. 공중을 철저하게 애인으로 만들어 진한 연애를 시작해 보자.

짝퉁 공무원의 생생한 PR 이야기

배미경 —————————————————————————————————————

▌ 약력

언론학 박사(PR전공)
(주간) 해남신문 기자
전남대학교 언론홍보연구소 연구원
광주 남구청 효사랑 브랜드 개발
국무조정실 전문위원
광주광역시 기획홍보 팀장
(現) 2015광주하계유니버시아드대회 조직위원회 홍보기획 팀장

초판인쇄 | 2010년 6월 29일
초판발행 | 2010년 6월 29일

지 은 이 | 배미경
펴 낸 이 | 채종준
펴 낸 곳 | 한국학술정보㈜
주   소 | 경기도 파주시 교하읍 문발리 파주출판문화정보산업단지 513-5
전   화 | 031) 908-3181(대표)
팩   스 | 031) 908-3189
홈페이지 | http://ebook.kstudy.com
E-mail | 출판사업부 publish@kstudy.com
등   록 | 제일산-115호(2000. 6. 19)

ISBN   978-89-268-1135-1 03070 (Paper Book)
        978-89-268-1136-8 08070 (e-Book)

이담
Books 는 한국학술정보(주)의 지식실용서 브랜드입니다.